いじめ対応の
基礎・基本 辻川和彦 編著

日本標準

はじめに

「私の学級には，いじめは『絶対に』ない」と言える方は，○を，言える自信がない方は，×を書いてください。
——と言われたら，○×どちらを書きますか？

○×を書いたら，その理由を書いてください。
——と言われたら，何と書きますか？

×の理由なら，書きやすいのです。
・休み時間に，ひとりぼっちの子がいる。
・誰からも話しかけられず，無視されている子がいる。
・給食のときに，机を離されている子がいる。……

しかし，○の理由となると，どうでしょう。
・休み時間に，みんな仲良く遊んでいる。
・みんな元気に会話をしている。
・給食のときに，机を離されている子がいない。……

これらの理由で，「だから，いじめはない」と言えるでしょうか？
……言えないでしょう。
このような学級でも，いじめが起こっていることはあります。
いじめがそんなにわかりやすいものだったら，教師は苦労しません。

私なら，×しか書けません。

ある朝，担任している子の保護者から電話が入り，
「うちの子がいじめられている。教師は何をしていたのだ」
と言われる。
　欠席した子の連絡帳に，
「友だちから悪口を言われて，学校に行きたくないと言っています」
と書いてある。
　そんなことが起こらないだろうかと，私はいつも不安なのです。

　教師なら誰でも，自分が担任する学級でいじめを起こしたくはないに決まっているでしょう。
　しかし，自信をもって「いじめは絶対起こしません」と言える教師がどれだけいるでしょうか。
　学校や自治体でも「いじめゼロ」「いじめ根絶」を目標にしたり，そのような張り紙が貼ってあったりすることがあります。
　「気軽に言ってくれるなあ」と思いませんか？　私だけでしょうか？
　いや，教師がみんな，「いじめゼロ」「いじめ根絶」にそんなに自信があるのなら，それに越したことはないのですが……。

　しかし，全国では，毎年のように，いや毎月のように，いじめで自殺する子どもたちのことが報道されています。
　自殺にまで至らなくとも，自殺する寸前までいじめで苦しんでいる子どもたちが大勢いることは，容易に想像できます。
　識者の意見では，いじめが起こる原因として，「競争社会の影響」「家庭でのストレス」「学級という教育システムの制度疲労」「教師の多忙化」「バラエティ番組の影響」……などが挙げられています。
　しかし，いくら原因を挙げたところで，いじめはなくなりません。
　テレビ番組のコメンテーターがいくら立派なことを言っても，いじめはなくなりません。

そう，現場では，原因の分析なんてしていられないのです。
　まずは目の前の子どもたちにいじめが起こらないように，予防に取り組まなければなりません。
　そして，もしいじめが起こってしまったら，速やかに解決に向けて対応していかなければならないのです。

　ところが現場では，生徒指導に熟達した経験豊富な教師が大量に退職しようとしています。
　今後は若い教師の割合がどんどん増えていく時代に入ります。

　夢と希望をもってこの仕事に就いた若手教師が，いじめに適切に対応するにはどうすればいいのでしょうか。
　いじめに関する法律が整備されることでしょうか？
　「いじめ対応を最優先」にすることでしょうか？
　それだけでは，いじめに適切に対応することはできません。

　本書は，すべて小学校・中学校の教師（および元教師）が，いじめの予防や実際にいじめが起こってしまったときの対応などを，現場での経験をもとにまとめたものです。
　小学校と中学校では，発達段階によっていじめに若干の違いはありますが，その対応については共通する部分も多く，本書の内容はどちらでも十分活用できる内容になっています。

　いじめを起こしたくないと願い，その解決のために奔走している教師のために，本書を「現場からの実践的提言」として発信したいと考えます。

辻川和彦

はじめに…3

　基礎知識編
まず「敵」を知るところから始めよう…11

■ 先達に学ぶ
　　1　「構造」と「空気」と「スクールカースト」…12
　　2　「スクールカースト」の構造…14
　　3　「やさしさ」から生じるいじめ!?…16
　　4　「いじめで自殺」考…18

■ いじめへの心構えをつくる
　　1　いじめは起こるもの!?…20
　　2　人権感覚をなくす「いじめの免罪符」…22
　　3　「いじり」と「いじめ」…24
　　4　LINEいじめ対策は保護者を巻き込んで…26
　　5　原発事故から避難した子へのいじめ…28
　　6　「組織（学校）の対応力」と「個（教師）の対応力」…30

column Ⅰ　コミュニケーション能力によるいじめのリスク…32

　予防編
いじめを起こさない学級づくり…33

■ いじめを起こさない「空気」をつくる
　　1　「空気」は学校全体に流れる…34
　　2　1週間で，教室の「空気」を統率する…36

        3　「いじめは絶対に許さない」という姿勢を見せる…38
        4　教師の笑顔で，プラスのオーラをつくり出す…40
        5　面談に勝るものなし…42

2　「場面別」
　　いじめを起こさない学級づくりのポイント

    1　**学級開き**
        まず，「いじめの実態」を把握しよう！…44
    2　**授業中**
        「ちょっとした行為」を見逃さない…46
    3　**休み時間**
        「死角」をなくし，いじめを防止する…48
    4　**給食の時間**
        給食は「指導」であり「学習」である…50
    5　**掃除の時間**
        掃除の仕方を教え，システムをつくり，確認する…52
    6　**修学旅行**
        修学旅行を「つらい思い出」にしないために…54
    7　**合唱コンクール**
        「何のために歌うのか」を明確に！…56
    8　**運動会**
        学級を「チーム」に育てる…58

3　「子どものタイプ別」
　　いじめを起こさない学級づくりのポイント

    1　**お調子者・いじられキャラ**
        いじめへの「変化」「エスカレート」に気をつける…60
    2　**自己中心的な子**
        振り回されない学級づくりを…62
    3　**空気が読めない子**
        そのままを認め，ほかの子たちとつなげよう…64
    4　**行動に時間がかかる子**
        スモールステップで「伸びた」をほめる…66

- 5 外国人の子・帰国子女
  「知らない」不安から「よく知っている」安心へ…68
- 6 高学年女子
  陰湿化につながる行為には先手が有効…70
- 7 感情的になりやすい子
  教師が「どの子も大切だ」と思えるか…72
- 8 性的マイノリティの子
  教師自身の偏見をなくす…74

 column Ⅱ　学校における性同一性障害への対応は？…76

第3章 危機的状況編
いじめ発覚! そのとき, どうする!?…77

- **1** 子どもが言うことを聞かない！　どこから立て直す？
  1　教室の「空気」と「時間」の回復作戦…78
  2　荒れに立ち向かうチームづくり…80
  3　学力面の保障から…82
- **2** 危機的状況にどう対応する？
  1　「靴隠し・物隠し」への対応…84
  2　「悪口の落書き」への対応…86
  3　「〇〇菌扱い」への対応…88
- **3** 正しい治療は正確な事実確認から！
  1　被害者の子からの事実確認…90
  2　傍観者の子からの事実確認…92
  3　加害者の子からの事実確認…94

 column Ⅲ　9月1日前後の自殺者数…96

第4章 治療編

迅速・丁寧・真摯な対応を…97

1 被害者にはこう対応する

子ども編
- 1 いじめ行為がなくなったから「解決」ではない…98
- 2 スピードが命！チームで迅速に…100
- 3 子どもの「最大の危機」と意識した支援を…102

保護者編
- 4 保護者の立場に配慮した対応を…104
- 5 迅速かつ誠意ある対応を…106
- 6 「子どもを守る決意」で保護者の信頼を…108

2 加害者にはこう対応する

子ども編
- 1 「遺恨」を残さない…110
- 2 子どもの心に響く叱り方…112
- 3 加害者の子を深く理解する教師に…114

保護者編
- 4 「中和の技術」に負けない対応を…116
- 5 二度といじめを繰り返させないように…118
- 6 加害者の保護者の支援を…120

3 傍観者にはこう対応する
- 1 「たとえ話」で被害者に共感させる…122
- 2 アンケートの診断を指導に活かす…124
- 3 いじめを止める勇気をもてる学級づくりを…126

4 保護者会での対応
- 1 保護者会の役割とは…128
- 2 多くの保護者を味方にしよう…130
- 3 保護者を巻き込んで再発防止を…132

column Ⅳ　いじめの構造…134

第5章 フォロー編
まだ終わりじゃない！再発防止に力を注ぐ…135

1 被害者へのフォロー
 1 不安材料を取り除き，多くの目で見守る…136
2 最悪の状況を想定して手を打つ…138
 3 トラブルは「信頼」のチャンス…140
4 教師が「言ってはいけない言葉」とは…142

2 加害者へのフォロー
 1 3つの「させない」…144
2 「自尊感情」を育て，高める…146
 3 保護者は，いじめという「敵」と闘う「同志」…148
4 「任せて安心」と思ってもらえるように…150

3 傍観者へのフォロー
1 「仕組む」ことで意欲を伸ばす…152
2 マイナスの空気をプラスに変える…154

column Ⅴ 学年別のいじめの認知件数…156

おわりに…157
本書の執筆者…159

第1章 基礎知識編
まず「敵」を知るところから始めよう

病気の知識がなければ正しい治療の仕方がわからないように,
いじめについて知っておかないと対応を誤りかねません。
孫子の兵法に「敵を知り,己を知れば百戦危うからず」とあります。
いじめという「敵」と闘うには,まずいじめを研究し,
そして「己」(学校・学級というシステム,また教師自身の個性など)を
知らなければなりません。
この章では,先達の研究が明らかにしてきたいじめの基礎知識や
心構えなどをいくつかの視点から述べています。

先達に学ぶ

「構造」と「空気」と「スクールカースト」

「現代型」いじめ

　かつては誰が加害者で誰が被害者かが「わかりやすい」いじめが多かったのに，いつの頃からか仲が良いように見えて実はいじめがあったり，いじめの対象が入れ替わったりする「現代型」と呼ばれるいじめが起こるようになりました。いったい，なぜなのでしょうか。土井隆義氏は，現代の若者たちは相手から反感を買わないように，高度で繊細な気配りを伴う人間関係（「優しい関係」）を営んでいると述べています。「〜みたいな」といった断定を避ける表現や，「あ，そうなんだぁ」といった半独言・半クエスチョンと呼ばれる表現を駆使し，自らの発言をぼかすことで相手との微妙な距離感を保とうとしているというのです。友だち関係を維持するためには，相手との対立点が表れることなど，もってのほかなのです。

> 　そこで，もっと積極的に対立点をぼかすために，互いの関心の焦点を関係それ自体から逸らしてしまう必要が生まれる。現代型と呼ばれるいじめの特徴はここに由来している。それは，互いのまなざしをいじめの被害者へと集中させ，自分たちの関係から目を逸らせてしまうことで，「優しい関係」に孕まれる対立点の表面化を避けようとするテクニックである。
> 　（土井隆義『友だち地獄　「空気を読む」世代のサバイバル』ちくま新書，p.18・19）

友だちとの関係を維持するために，対立点をぼかすために，いじめをする。だからこそ，現代型いじめは閉じた集団の中で行われ，いじめの加害者は普通の子であったり，加害者と被害者の関係が固定されておらず，場合によっては両者が入れ替わる流動的なものだったりするようになりました（文部科学省のいじめの定義も，「自分より弱い者に対して一方的に……」という文言が，「一定の人間関係のある者から……」に変更されています）。

 ## 書名から読み解くいじめのキーワード

　書店には，いじめに関する書籍がたくさん並んでいます。その書名を見ていくと，いくつかのキーワードが浮かび上がります。
　1つめは「構造」です。「構造」とつく書名が実に多いのです。いじめは単純なものではなく，何か構造があるらしいということに気づき，何とかその構造を解き明かしたいという意識の表れでしょう。
　2つめは「空気」です。バラエティ番組で「空気を読む」という言葉が定着した頃，「空気」といじめを関連させて考える人たちが出てきたのです（鴻上尚史『「空気」と「世間」』講談社現代新書など）。
　3つめは「スクールカースト」です。森口朗氏の言葉を借りると「スクールカーストとは，クラス内のステイタスを表す言葉として，近年若者たちの間で定着しつつある言葉」（『いじめの構造』新潮新書，p.41・43）となります。学級内には，なぜか「一目置かれる子」や「なめられる子」がいます。そのような学級内の階層を表す言葉として，2000年代の半ばあたりから次第に広がってきた言葉です（本来のインドの「カースト」の使い方とは違っているのですが，もはや一般的に使われており，わかりやすいので本書でもこの言葉を使います）。
　この3つは密接に絡み合っていますが，特に「スクールカースト」は現代型いじめに大きくかかわっています。

（辻川和彦）

1 先達に学ぶ

2 「スクールカースト」の構造

1 決定要因は「コミュニケーション能力」

　森口朗氏は，「スクールカースト」を決定する最大要因は「コミュニケーション能力」だと考えられると述べています。ここでいうコミュニケーション能力とは，「自己主張力」「共感力」「同調力」の総合力になります。その3つの説明を，ここでは堀裕嗣氏の著書から引用します。

> ○**自己主張力**……自分の意見をしっかりと主張することができ，他人のネガティヴな言動，ネガティヴな態度に対してしっかりと戒めることのできる力。
> ○**共感力**……他人に対して思いやりをもち，他人の立場や状況に応じて考えることのできる力。
> ○**同調力**……バラエティ番組に代表されるような，「場の空気」に応じてボケたりツッコミを入れて盛り上げたりしながら，常に明るい雰囲気を形成する能力。
> （堀裕嗣『スクールカーストの正体　キレイゴト抜きのいじめ対応』小学館新書 p.25・26より一部引用）

2 スクールカーストの8つのタイプ

　森口氏はこの3つの組み合わせにより8つのキャラクターを提示しましたが，これをさらに堀氏が微修正して次のように整理しています。

①スーパーリーダー型生徒（自己主張力・共感力・同調力のすべてをもっている）
②残虐リーダー型生徒（自己主張力・同調力をもつ）
③孤高派タイプ生徒（自己主張力・共感力をもつ）
④人望あるサブリーダー型生徒（共感力・同調力をもつ）
⑤お調子者タイプ生徒（同調力のみをもつ）
⑥いいヤツタイプ生徒（共感力のみをもつ）
⑦自己チュータイプ生徒（自己主張力のみをもつ）
⑧何を考えているかわからないタイプ生徒（自己主張力・共感力・同調力のどれももたない） （前掲書，p.27・28）＊32ページの表参照

　①が教室内でのカーストが最も高く，②以下は順にカーストが低くなっています。①〜③を見ると，カーストの上位になるには「自己主張力」が不可欠とわかります。それ以外では「共感力」をもつ子よりも「同調力」をもつ子の方が上位です。ノリがよく，友だちの言うことに反論せず同調する子ですね。「同調力」が思いやりなどの「共感力」よりも上位なのは，教師としては残念なところです。それどころか，「同調力」をもたない⑥〜⑧はカーストの下位を占めています。それだけ，「同調力＝空気を読む力」が子どもたちにとって重要であることがわかります。ちなみに，いじめの加害者になるリスクが大きいのは，②です。「共感力」が低くふざけ行為がいき過ぎることがあるため残虐と名づけられていますが，根っからの悪人ではありません。念のため。

　「伝統型」と呼ばれる差別・偏見によるいじめは，②のようなカースト上位の子が⑥〜⑧のようなカースト下位の子をいじめの対象とします。それに対して「現代型」は，同じカースト内でも起こり，いじめの対象はカースト内の別の子に入れ替わることがあります。　　**（辻川和彦）**

1 先達に学ぶ

3 「やさしさ」から生じるいじめ!?

1 「治療としてのやさしさ」から「予防としてのやさしさ」へ

書名に「やさしさ」がついている書籍も増えてきています。

大平健氏の『やさしさの精神病理』(岩波新書)には，今の風潮として，「やさしさ」は，お互いの心の傷をなめ合う「治療としてのやさしさ」から，お互いを傷つけない「予防としてのやさしさ」へと変化していると書かれています。

榎本博明氏はさらに次のように説明しています。

> かつては友だちというのは気を遣わなくていい相手だった。他人には気を遣って言うべきことを慎重に選ばないといけないが，友だちには何でも遠慮なく言える。それが友だちだった。
>
> ところが，しだいに友だちにまで気を遣うようになってきた。KY(空気読めない)という言葉が少し前に流行ったように，今は友だち同士でも空気を読んで合わせないといけないという感じが強まっている。
>
> (榎本博明『「やさしさ」過剰社会 人を傷つけてはいけないのか』PHP新書，p.53)

このように，「予防としてのやさしさ」が，「空気を読んで人に合わせる」という昨今の若者の特徴につながっています。でも，「『予防』だろうが『治療』だろうが，『やさしい』のはいいことじゃないか」と思う人もいるかもしれません。

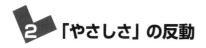
「やさしさ」の反動

森真一氏は次のことを指摘しています。

> 　傷つけないようにする点では，やさしいと言えます。しかし，"絶対にやさしくしないと許さないぞ！ もし傷つけたら，それなりの仕返しをするからな！"というような，きびしさが感じられるのです。
> （森真一『ほんとはこわい「やさしさ社会」』ちくまプリマー新書, p.18)

> 　注意したひとにたいして暴力をふるうこともありえます。予防的やさしさのひとからすれば，注意するひとのほうがルール違反であり，マナー違反であり，「悪いこと」です。悪いことをしたひとを処罰することは，「善いこと」です。だから，注意するという「悪」をおこなったひとに，極端な場合は，暴力をふるうのです。（森, 前掲書, p.144)

　このような傾向の中で，空気を読まない言動をする子がいじめの対象になっていきます。それはたとえば空気を読むのが苦手な発達障害やそれが疑われるグレーゾーンの子たちだったり，自分の間違いを指摘してくる仲間だったりします。

　たとえ仲間でも，いじめを注意すれば「ルール違反」「マナー違反」だとして次のいじめの対象になることがあるので，そのことを感じ取っている子どもたちは，いじめの加害者に対して注意をすることができないのです。

　同じカーストや同じグループ内で発生する「現代型」いじめにはこのような構造があることがわかります。

（辻川和彦）

1 先達に学ぶ　　17

1 先達に学ぶ

4 「いじめで自殺」考

1 「いじめで自殺」報道

　「いじめで自殺」が大きく報道されると，しばらく中高生の自殺や自殺未遂が続くことがあります。ひとりの自殺で終わらずに関連して複数の人間が自殺（あるいは自殺未遂）してしまうのです。このように「ある人物の自殺や自殺未遂が何らかの誘因となって，複数の人々が次々と引き続き自殺していく現象」（高橋祥友『群発自殺 流行を防ぎ，模倣を止める』中公新書, p.46）を「連鎖自殺」といいます。直接の交流はないのに，同年代で同種の問題（ここではいじめを指します）を抱えた人々が，最初の自殺行動をモデルとして後に続くものです。このような自殺を防ぐために，高橋祥友氏は次のことを提案しています。

- ・自殺をロマンチックに扱ったり，センセーショナルに取り上げない。
- ・自殺者を非難・中傷することも避ける。
- ・生徒の反応がよく把握できるようにホームルームのような小さなグループで伝えるべきであり，講堂に全校生徒を集めて一斉に伝えたりしない。
- ・事実をありのまま伝え，その影響について十分な対策を取る。
- ・自殺に用いられた方法を詳しく説明しない。

（高橋祥友『群発自殺 流行を防ぎ，模倣を止める』中公新書, p.189〜194より一部引用）

　不幸にしていじめによる自殺が起こった場合，大切なのは「次の

犠牲者」を出さないことです。事実を隠すのは論外ですが、報道によって自殺の連鎖を引き起こさないよう、マスコミには必要以上にセンセーショナルに取り上げたり、同じ報道を繰り返し流したり、特集を組んだりしてほしくありません。しかし、学校や教育委員会の不手際・隠蔽などの取材や報道は、「同じことを繰り返させないために」「次のいじめ自殺を防ぐために」という側面もあります。このあたりのバランスは難しいところです。

自己承認欲求を満たすための自殺

いじめの被害者の子は、自らの肯定感をとことん剥奪されてしまった存在です。土井隆義氏は、こう述べています。

> むしろ、自殺した生徒たちを嘆き哀(かな)しみ、その短い人生を悼む周囲の人びとのすがたを目の当たりにして、ここに究極の自己承認があると誤解してしまった側面もあるのではないだろうか。(中略)
> 自己肯定感の脆弱さにたえず苛(さいな)まれている人びとにとって、とりわけ極限までその肯定感を剥奪されてしまったいじめの被害者にとって、連日にわたるマスメディアの映像は、大きな誘惑と映ったにちがいない。その意味では、死への欲求というよりも、自己承認への欲求が刺激されたのである。
> (土井隆義『友だち地獄　「空気を読む」世代のサバイバル』ちくま新書, p.136)

過剰な報道は「いじめている人間に報復する効果的な手段は『遺書を書いて自殺する』ことだ」と教えているようなものです。誰も気にしてくれない自分を、死ぬことで皆が認めてくれる。そのような構造がいじめによる「連鎖自殺」にはあるのです。自殺をマスコミがセンセーショナルに扱えば扱うほどその影響は大きくなります。　　　(辻川和彦)

2 いじめへの心構えをつくる

いじめは起こるもの！？

「いじめを起こさない」は当たり前？

「いじめは人権侵害であり，なくさなければならない」……正論です。文句のつけようがありません。しかし，そもそも「いじめ」ってなくせるのでしょうか。教師が「学級でいじめを起こさない」ことは当たり前なのでしょうか。

その教師が担任になると学級内にいじめをするような雰囲気がなくなり，男子も女子も和気あいあいと仲良く過ごすようになる……。そんなスーパー教師が，確かにいます。いますが，ほんのひと握りしかいないのです。ほとんどの教師はフツーの教師です。それなのに，いじめが発生すると，教師や学校は非国民のように扱われてしまいます。

今や「いじめをなくさなければならない」という金科玉条に縛られて，教師や学校は，いや教育委員会も文部科学省もがんじがらめになってしまっているのではないでしょうか。

誤解を恐れずに言えば，「いじめは起こるもの」と思っていた方がいいのです。「教師のくせになんてことを言うのだ！」と思われるかもしれません。でも，考えてみてください。大人の世界では「パワハラ」や「マタハラ」が行われ，「老人虐待」や「幼児虐待」も珍しくなくなり，インターネット上はバッシングの嵐です。子どもたちだけが，常に天使のように清く正しいということがあるでしょうか？

「開き直ったな！」と思われたかもしれません。では，なぜ「いじめは起こるもの」と思っていた方がいいのか，説明しましょう。

2 「はずがない」思考から「あるかも」思考へ

「私の学級にはいじめはありません」と断言できる教師がいるでしょうか。私には断言できません。子どもたち一人一人の心を見抜くことは，超能力者ではない私にはできないからです。だから「あなたの学級に，いじめはあるのか？ ないのか？」と問われた場合，「『今は』，ないと『思います』」くらいしか言えないのです。

「いじめがないと断言できないなんて，無責任だ」と思うかもしれません。しかし，教師がよく調べた上で「間違いなくこの学級にいじめはない！」と思っても……巧妙に隠されているだけかもしれません。今日はいじめがなくても，明日はいじめが起こるかもしれません。

「いじめがあるかもしれない」と思うからこそ，「さっきのあの子の言動は，いじめではないか？」と目を光らせることができます。「いじめはない」と思い込んでいる教師は，いじめの発見が遅れます。「私の学級でいじめが起こるはずがない」「あの子がいじめをするはずがない」という思い込みこそが，いじめ発見の大敵なのです。

3 だから，教師は謙虚になる

常にいじめを「疑う」姿勢でいることが必要です。そのような意味で，「私の学級にはいじめはありません」と断言する方が，よほど無責任だと思うのです。加害者や被害者すら意識しない「ちょっとした行為」のうちにいじめの芽を摘み取れるのか，対応を誤り大きないじめに発展させてしまうのかは，教師の対応力で分かれます。小さな芽のうちに摘み取るには，それを発見する「眼」を教師がもたなければなりません。

「いじめは起こるもの」と思うからこそ，教師は常に謙虚に子どもを見るようになるのです。

（辻川和彦）

2　いじめへの心構えをつくる

　人権感覚をなくす「いじめの免罪符」

 号泣議員バッシング

　数年前，某県議会議員のN氏が政務活動費を不正に支出していた問題で会見を行いました。その最中に泣き出してしまい，N氏は「号泣議員」として一躍有名になりました。猛烈なバッシングとともに，号泣している会見のVTRがバラエティ番組などで繰り返し放送され，爆笑されていました。確かに，大声を出して泣き出す大人（それも県議会議員）の映像は衝撃的ではありました。
　しかし，N氏は人を笑わせようとして号泣したわけではありません。報道の一部として映像が使われるのはわかりますが，バラエティ番組で繰り返し映像が使われて，一方的に「笑い者」「さらし者」にされている様子は，私には「いじめ」に見えました。
　「いや，N氏は不正をしていたのだから，これぐらいされても仕方がないのだ」という意見もあるでしょう。もちろん，議員として責任感や倫理観が足りなかったとは思いますし，犯罪は裁かれて当然です。しかし，そのことと「笑い者」「さらし者」にすることは別の話です。

 バッシング社会

　同じように最近は，たとえば有名人の不倫報道や薬物報道などがきっかけで過剰なバッシングが起きるような風潮があります。誹謗中傷はもちろん，個人情報を暴き出してインターネット上に公開する人

もいます。また，最近はちょっとした発言や意見に対しても「炎上」騒ぎが起きます。

　ターゲットが決まったら徹底的にたたく。その裏には，「怒り」や「正義感」だけでなく，「うっぷん晴らし」によるものもあるでしょう。さらに，流される情報を鵜呑みにしてしまう「思考停止」があります。

　そうしたバッシングでは，常に上から目線で相手を見下し，「死ね」などの刺激的かつ非常に乱暴な言葉遣いがされています。

　まさにそれは，「いじめ」そのものです。その裏には，現代人が現実世界で抱えているストレスの反動があるのかもしれません。しかしそれはバッシングをしていい理由にはなりません。多くの人は，そのようなバッシングに対して「ひどい」「やり過ぎだ」と感じています。

免罪符を得た人間は残酷さに気づかない

　多くの人は，人を蔑んだり笑ったりすることはいけないことだとわかっているので，普段は自制しています。しかし，何かのきっかけでその自制のたがが外れます。相手に何らかの落ち度があったり，多くの人が笑ったりしていることが，人を蔑む免罪符になります。「あの子が〜したから」「みんながそうしているから」という免罪符です。

　N氏のことも，不正をしたということが免罪符になり，誰もが無意識に「笑ったっていい」「笑われるN氏の気持ちなど考えなくてよい」ことにしてしまったのではないでしょうか。

　一度免罪符を得てしまったら，相手がどう思うかという意識が麻痺してしまいます。自分自身の残酷さに気づけなくなるのです。

　だからこそ，子どもたちも，教師である我々大人自身も，免罪符を得ることで人権感覚を捨て去らないように気をつけておかなければなりません。

（辻川和彦）

2 いじめへの心構えをつくる

3 「いじり」と「いじめ」

対等でなくても関係を維持したい

　わざと相手に難癖をつけ，困る様子を見て笑う。相手が間違えたり勘違いをしたりしたときにわざとそのミスを責めたり，頭をたたいたりする。言葉にすると悪質ないじめのようですが，これは先輩が後輩を，あるいは仲の良い子同士が相手をからかうときによく見られます。いわゆる「いじり」「ツッコミ」などと呼ばれるものです。バラエティ番組ではおなじみの光景であり，通常はその場だけで終わります。
　しかしスクールカーストというフィルターを通してみると，教室でいじりやツッコミをするのはカースト上位の子で，いじられているのはカースト下位の子であることがほとんどです。ですから，いじる側といじられる側が逆転することはありません。常に一方通行です。
　一方通行なので，対等の関係ではありません。対等ではありませんが，ある意味，平和です。多くの教室では，このような関係が大きないじめにまで発展せずに続き，そのまま卒業していきます。下手に教師が「やめなさい！」などと言って，波風を立てられるのは子どもにとって迷惑です。だから「平気です。痛くありません。ぼく（わたし）も楽しんでいます」と言って，教師の追及から逃れようとします。
　そのコミュニケーション能力によって集団の中に序列ができることはどうしようもありません。対等でないとはいえ，これはこれで当事者の人間関係は「安定」しています。たまにやられ過ぎることがあったとしても，関係が維持できるのであれば少々のことには目をつぶります。

2 「いじり」から「いじめ」へ

　ところが次第に，執拗にいじられ続けたり，ツッコミがとても強くなったりすることがあります。やられる方は，あくまでも，「相手は『いじって』いるだけだ」と思い込もうとします。「周りは楽しんでいるのに，ここで自分が怒ったら『空気を読んでいない』ことになってしまう」と無意識のうちに思うのです。

　だから，教師が「いじめられているのでは？」と聞いても，いじめだと答えるわけがありません。加害者はもちろん，傍観者も，場合によっては被害者自身も，いつの間にかそれがいじめになっていることに気づきません。「いじり」と「いじめ」の境界線がはっきりしないのです。教師も本人が否定するので指導のしようがありません。

3 変化を見極める教師の「眼」と判断力

　いじめの報道などでは，深刻ないじめが起きていたにもかかわらず，「見て見ぬふり」をしていた教師のことがよく問題になります。想像でしかありませんが，これらも最初は小さないじりであり，被害者もいじめを否定していたのかもしれません。それが徐々にエスカレートしても，最初にいじりだと認識した教師は「またか」としか思わないでしょう。

　確かに判断が難しい場面ではあります。ちょっとしたいじりまでも禁止することはできません。子ども同士が冗談のひとつも言わない教室は異常です。とはいえ，「これ以上は危険だ」と教師が判断したら，本人がどう言おうと「それはやり過ぎだ。やめなさい」「これ以上はいじめになるよ」とストップをかけなければなりません。変化を見極める教師の「眼」と判断力が問われます。

(辻川和彦)

4 LINEいじめ対策は保護者を巻き込んで

昔は交換日記，今スマホ

　ひと昔前は「交換日記」というものがありました（今もあるのかもしれませんが）。仲の良い数人のグループでノートを回して，友だちが書いた文章を読んだり，その返事を書いたりするのです。今で言えば，メーリングリストやLINEのグループのようなものでしょうか。

　しかし次第に，その交換日記の中で「○○ちゃんのこと，どう思う？」などの問いかけをする子が現れてきます。その時点で，問いかけた子がその子のことを良く思っていないということがほかのメンバーにもぴんとくるわけです。そこで，ほかの子どもたちも「同調」し，交換日記にその子の悪口が並んでいくことになります。

　なんだか，現代の携帯電話やスマホのいじめにそっくりですが，大きな違いは，やり取りのスピードです。交換日記はひとりが自宅に持ち帰り，翌日に学校に持ってきて次の人に渡すので，メールやLINEより圧倒的に時間がかかります。いっぽう，携帯電話やスマホはその場で返信できるので，関係が悪化するときはあっという間です。

　もうひとつの違いは，携帯電話やスマホにはカメラ機能があることです。いじめによる暴行の様子を動画で録画したり，写真撮影してSNSにアップしたりするケースが多発するなど「さらし型」のいじめに発展しやすいのです。画像や映像が拡散してしまうとすべて消去するのは難しく，1冊の交換日記の中で行われていたいじめとは比べものにならないほど被害が大きくなってしまいます。

2 LINEいじめを解決したケース

『新潮45（2014年12月号）』(新潮社)には，黒川祥子氏による「『LINEいじめ』と闘う」というルポルタージュが掲載されています。いじめの被害者は中学生で，教室で無視や持ち物に対する嫌がらせなどを受けます。そしてLINEでは，その子を抜かした学校行事や卒業式の打ち上げの様子がアップされ「13番（被害者の出席番号）がいなくてよかった」という内容のコメントを書かれます。

このケースでは，被害者の父親が子どもやその友だちとLINEでつながっており，それがきっかけでLINEの画像や文章が動かぬ証拠となって教育委員会や学校を動かし，加害者の保護者にいじめを認めさせることができました。

ただ，これはまれなケースです。通常は子どもたちのLINEのやり取りは教師にはわかりません。ただし，LINEいじめが起こっていれば，教室の中でも何らかのいじめ行為があるはずです。そちらからたどってLINEいじめを発見できる場合があります。

3 保護者に危機意識をもたせる

学校で行う情報モラル教育では限界があるので，LINEいじめ対策には保護者を巻き込むしかありません。たとえば，懇談会などでLINEいじめの具体例を提示します。LINEいじめの言葉のやり取りはインターネットなどで入手できますが，かなり刺激の強い言葉が並んでいます。「あなたの子どもは大丈夫か？」「スマホを与えてほったらかしにしていないか？」など，危機意識をもたせることで保護者を動かすのです。

（辻川和彦）

2 いじめへの心構えをつくる

5 原発事故から避難した子へのいじめ

1 大人には記憶に新しくても，子どもにとっては……

　2016年11月，福島第一原子力発電所の事故後に他県に避難していた子どもが転校先の小学校で名前に「菌」をつけて呼ばれるいじめを受けていたことが報道されました。しかも，「（原発事故の）賠償金があるだろう」と言われ，加害者の子らの遊びのために総額150万円ものお金を負担させられていたというのです（朝日新聞2016年11月16日付記事より）。この報道後，原発事故から避難してきた子に対するいじめがほかにも立て続けに報道され，今も続く避難者への陰口や中傷，いじめ行為が問題となっています。

　「○○菌扱い」するいじめは，88ページにもあるようによくあるいじめの形です。しかし，このケースは次のような理由で少々特殊です。

> ①原発事故が起こり，やむなく他県に避難した子に追い打ちをかけるいじめであること。
> ②子どもが「賠償金」という言葉を使っていることから，背後には周りの大人による偏見が考えられること。
> ③原発事故から逃れてきた子に対して，放射線を連想させる「○○菌扱い」をしていること。

　報道された際には，①の理由から多くの人々が憤りを感じたことでしょう。しかし，考えてみればすでに原発事故から現時点（2017年）で6年が経過しています。大人にとってはまだ記憶に新しくても，子

どもにとってはよく知らなかったり、もうそのことを忘れたりしていることもあるでしょう。

受け入れた学校が特に敏感になっておくべき言葉

②については、子どもたちが大人の会話を聞いていた可能性があります。詳細は理解できなくても、大人の会話の中に「賠償金」などインパクトのある言葉が出てきたのかもしれません。

③については、加害者は放射線のことは意識せずに「〇〇菌」と呼んだのかもしれませんが、被害者の子やその家族にしてみればやはり放射線を連想して深く傷つくでしょう。原発事故から避難した子どもを受け入れた学校の教師は、このような言葉（「賠償金」「〇〇菌」など）には特に敏感になっておかなければなりません。

しかし、転校してきた当初はともかく、時が経つにつれて学校側もその意識が薄れてしまいがちです。転勤で教師も入れ替わるので、その子が原発事故から避難してきたと知らない教師もいるかもしれません。家庭環境や持病などと同じく、原発避難の情報も引き継いでいくようにしなければなりません。

新たな「原発避難いじめ」を生まないために

原発事故から避難した子たちの中には、いじめられることなく、地域になじんでいる子もいるはずです。それが、このような報道によって「そういえばあの子も……」といじめが連鎖してしまう恐れがあります。報道による二次被害が起きないように、該当する子がいる学校では（本来はどの学校でも）、東日本大震災などの災害を扱った道徳授業を行うことで、助け合いや人の心の痛みに共感できる指導をしていく必要があります。

(辻川和彦)

2 いじめへの心構えをつくる

6 「組織（学校）の対応力」と「個（教師）の対応力」

子どもよりもカーストが下の教師

　子どもたちは教師もスクールカーストの中に位置づけます。たとえば残虐リーダー型の子どもに対して教師がそれより下のカーストだと，子どもが教師の指示に素直に従わなかったり態度が悪くなったりします。教師がなめられ，反発されるのです。特に，叱るべき場面で厳しく叱ることができなかったり，一度出した指示を子どもに押し切られて曲げてしまったりするようなことがあると，厳しい学級経営を迫られるでしょう。性格的な部分もありますから，教師が自身のコミュニケーション能力を変えることは，少なくとも短期的には難しいかもしれません。それでは，どうすればいいのでしょうか？

組織（学校）の対応力

　1つめは，チームで対応することです。まさに組織としての対応力です。学校をサッカーにたとえてみましょう。サッカーでは，チームで立てた作戦に沿って動いたり，能力が高い相手には数的有利をつくってボールを奪ったりしなければなりません。いわゆる「組織力」です。いじめが発覚したときはもちろんですが，いじめがないときから，生徒指導主任や学年主任などと連携して動くことが大切になってきます。このあたりは中学校が得意とするところですが，小学校でも意識して普段からこのような連携を深めておくことが必要です。同学

年の教師で交換授業をするのも，お互いの学級の様子がわかるので良い方法だと思います。

しかし，サッカーでもドリブルやパスの場面，1対1の場面などは，どうしても一人一人の「個の力」が大切になってきます。当然，いくらほかの教師と連携を深めようが，子どもたちがいじめに近い言動をする場面に担任しかいない状況は出てきます。逃げるわけにはいきません。

3 個（教師）の対応力

そこで2つめは，教師個人の対応力をアップさせることです。

いじめの対応には「組織（学校）の対応力」に対して「個（教師）の対応力」があります。学級内での教師のカーストを上げることは容易ではありませんが，対応力はアップさせることができます。

今度はいじめを災害にたとえてみましょう。火事を起こさないようにストーブのそばに燃えやすいものを置かない，小さな火のときに消火器で初期消火を行う。地震に備えて本棚が倒れてこないように金具で壁に固定しておく，避難場所を確認しておく。そうするのは，それらが安全の確保につながるからです。このようなことを「知っているか」「やっているか」によって，災害を未然に防げたり，もし起こっても被害を最小限にしたりすることができます。

いじめも同じです。少しでもいじめのリスクがある学校生活の「場面」や「子どものタイプ」を理解し，それぞれに対してどんなことに気をつけておけばいいのか，何か起こったときにはどうすればいいのかを「知っているか」「やっているか」が大切です。スーパー教師のように常に子どもたちをひとつにまとめ，いじめをしようなんて雰囲気のない明るい学級をつくる自信のない我々フツーの教師は，学ぶことで少しでも被害を少なくするしかないのです。

（辻川和彦）

コミュニケーション能力による いじめのリスク

コミュニケーション能力の高低によるクラス内地位

自己主張力	共感力	同調力 高い	同調力 低い
高い	共感力 高い	スーパーリーダー (スーパーリーダー型生徒)	栄光ある孤立 (孤立派タイプ生徒)
高い	共感力 低い	残酷なリーダー (残虐リーダー型生徒) いじめ首謀者候補	「自己中」 (自己チュータイプ生徒) 被害者リスク大
低い	共感力 高い	人望あるサブリーダー (人望あるサブリーダー型生徒)	「いい奴なんだけど……」 (いいヤツタイプ生徒) 被害者リスク中
低い	共感力 低い	お調子者 いじられキャラ (お調子者タイプ生徒) いじめ脇役候補	「何を考えているんだか……」 (何を考えているかわからないタイプ生徒) 被害者リスク大

(森口朗『いじめの構造』新潮新書, p.45, 図表3に堀裕嗣氏によるキャラクター名を筆者が加えた。表中の( )内が加筆部分)

　上の表は、コミュニケーション能力(「自己主張力」「共感力」「同調力」)の高低により学級で占めがちなポジションを示した表に、本書で使用するスクールカーストのキャラクター名を加えたものです。あくまでも一例ですが、どんな子がいじめの被害者になるリスクが大きいかの目安になり、「このような見方もある」と教師が知っておくことで、いじめに発展するトラブルの早期発見や対応につながります。もちろん、いじめの被害者になる可能性はどの子にもあるので、「木を見て森を見ず」とならないよう、全体への目配りは欠かせません。

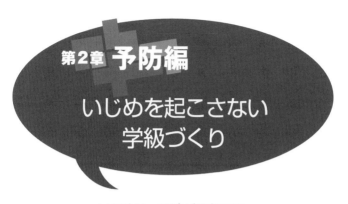

第2章 予防編

いじめを起こさない
学級づくり

いじめは，予防が肝心です。
そのためには，いじめを起こさない「空気」をつくることです。
しかし，どうしてもトラブルや差別が起こりやすい場面があります。
また，放っておくと，差別的な言葉を言われたり，
トラブルになったりしやすいタイプの子どもがいます。
それを予測しているかいないかは大きな違いです。
この章では，教室にいじめを起こさない「空気」をつくる手法とともに，
いじめが起こりやすい場面や子どものタイプへの
具体的な対応例を示しています。

いじめを起こさない「空気」をつくる

 「空気」は学校全体に流れる

 組織で対応する

　先に結論を述べます。
　いじめの予防には，管理職が，いじめを起こさない学級づくりができる「空気（環境）」を学校全体につくることが大前提なのです。
　私は教頭の仕事をしています。担任の先生には，常々，「普通にがんばっている子を，普通に指導してください」と話しています。
　昨今，いろいろな子が増えました。教室内で立ち歩く子に担任が構いっきりになっていたら，授業になりません。生徒指導上の問題で，夜遅くまで保護者への面談をしなければならないようなことが続けば，担任がダウンしてしまいます。そうならないために，管理職（特に教頭）の出番が重要なのです。
　「組織で対応する」とは，よく耳にする言葉です。では，それは，具体的にどのような対応を指すのでしょうか。
　まず大事なのは，担任から教頭への報告です。大規模校であれば，担任から学年主任へ，そして，学年主任から教頭へという報告の流れになります。「学級内での子ども同士のトラブル発生は，担任である自分の責任だ……」なんて，間違っても思わないでください。いじめ問題は，そんな単純な構図ではありません。保護者からの訴えがあった場合はもちろん，子どもからの小さなサインでも必ず教頭に報告してください。教頭に相談しにくければ，一番相談しやすい先輩の教師に話してください。とにかく，ひとりで抱え込んではいけません。

報告があると，教頭からの指示のもと，解決のための具体的な指導を行います。もし，保護者との面談が必要な場合には，必ず，学校側は複数で対応します。内容によって，教頭，生徒指導主任，特別支援教育コーディネーターなどが同席し，学校全体で指導にあたっているという学校の「本気」を保護者に示します。これが，組織で対応するということです。

学校全体で道徳に取り組む

　言葉は心の鏡です。美しい言葉を使えば，心も美しくなります。
　私の勤務校では，全校で「美しい言葉」をテーマにした道徳授業に取り組んでいます。7月には，「言われてうれしい言葉」について考え，その言葉を七夕の短冊のようにして掲示します。
　11月には，「美しい言葉・第2弾」として，「学級の友だちに贈りたい言葉」について考えます。これは，漢検（日本漢字能力検定協会）が実施している「今，あなたに贈りたい漢字コンテスト」を教材化したものです。
　子どもたちが選んだ漢字は，各学級で短冊に書いて模造紙に貼り，それを全校児童分，職員室前の廊下に掲示します。こうした日頃の取り組みから，いじめを起こさない「空気」が学校全体に流れていくのです。（佐藤幸司）

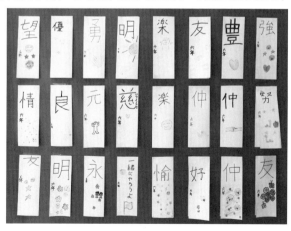

1 いじめを起こさない「空気」をつくる

2 1週間で、教室の「空気」を統率する

1 学年の最初に『わたしのいもうと』の絵本を読む

　「顔を伏せなさい！」と静かに、だが厳しい声で指示をします。
　「今までの学年で、いじめられてきた人、正直に手を挙げなさい！」「その人に伝えます。これから野中先生は必死になって『いじめ』からあなたを守ります。安心しなさい！　いじめは絶対に許さないのです！」
　また、次のようにも言います。
　「今まで、いじめをやってきた人、正直に手を挙げなさい！」「正直に手を挙げましたね。ありがとう。その人に伝えます。もう二度といじめはやめなさい！　いじめは犯罪です。今までもそうでしたが、野中先生は必ずいじめを見つけます。いじめた人は大変なことになります。そうならないようにしたいですね」
　そして、教師の周りに子どもたちを集めて、絵本を見せます。
　「この絵本には、実際にあったいじめのお話が書かれています。いじめがどのようなことになるのか、聞いてください」と言って、『わたしのいもうと』（松谷みよ子・文　味戸ケイコ・絵　偕成社）を読みます。
　『わたしのいもうと』は松谷みよ子さんのところへ届いた1通の手紙をもとに書かれた絵本です。転校先でいじめにあい、最後は死んでいく「わたし」の「いもうと」の様子が書かれています。
　読み終えた後に、「いじめは、このように死を招くこともあるのです。絶対に、この『いもうと』のように死んではいけません。でも、この

いじめた子どもたちのようにも、絶対になってはいけないということも、皆さんはよくわかりますね」とつけ加えます。
　このように、学年の最初に、絵本を通して教師のいじめへのスタンスをきちんと伝えます。

教師が教室の「空気」を統率する

　教室は、基本的には「空気」と「時間」で成り立っています。
　「空気」とは、教師と子どもたちでつくり上げる雰囲気。「時間」とは、教室の1日に流れていく時間。
　問題は、このふたつを教師がきちんと統率できるかどうか、なのです。
　これがきちんとできれば、安定した学級経営が成り立ちます。特に、学級にいじめを許さない空気をつくるには、教師がリーダーシップを発揮して、この空気を統率しなければならないのです。猶予は、学年最初の1週間。
　教師が教室の空気の統率をする前に、やんちゃな子たちに空気を掌握されてしまうことで、学級の荒れが始まります。
　そして、この荒れに付随していじめが起こるのです。
　初任者の学級では、このことがよく起こります。
　それは、初任者が「子どもたちと友だちになろう」とする思いから始まります。いわゆる「仲良し友だち」先生になろうとするのです。
　そうすると、教室は1年間、不安定なままに動いていきます。
　しょっちゅうもめごとが起こり、うまく解決できないままに不穏な空気が教室を包みます。そして、6月頃（「魔の6月」と呼ばれています）にいよいよ学級は、騒乱状態に陥ります。これが「学級崩壊」と呼ばれているものです。
　すべては、教師がリーダーシップを発揮して、教室の空気を統率できるかどうか、このことにかかっています。
　　　　　　　　　　　　　　　　　　　　　　　　　　　（野中信行）

1 いじめを起こさない「空気」をつくる

 「いじめは絶対に許さない」という姿勢を見せる

 「予防」がすべてだと心得よ

　学級づくりで一番大切なことは，「予防」だと思っています。
　たとえば，学級崩壊です。いったん学級崩壊してしまえば，為す術はありません。教師がどんな手を打とうが，学級の子どもたちは受け入れません。だから，壊れないように予防することが大切なのです。
　たとえば，高学年女子ややんちゃな子たちです。彼女ら彼らが，いったん反抗的になってしまえば，為す術はありません。教師がどんな指導をしようが，その子どもたちは従いません。だから，反抗的にならないように予防することが大切なのです。
　いじめも同じです。いったん起こってしまえば，為す術はありません。いじめにも，何より予防が大切なのです。

 いじめを「予防」するために

　では，私がいじめを「予防」するために，どんなことをしているのかを紹介しましょう。
　私は4月の早い段階で，いじめの授業をしています。授業は，深澤久氏の「命の授業」の修正追試です。「命の授業」のほかにも，いじめに関する優れた授業がたくさん開発されています。それらの中から「これは！」と思う授業を行うといいでしょう。優れた授業は，子どもたちの心に響きますよ。『とっておきの道徳授業』(佐藤幸司編著　日本標準)

のシリーズなどがオススメですね。
　また，その授業の最後に私は次のように語ります。
　「先生は絶対にいじめを許しません。いじめをする子とは，全力で闘い，いじめをやめさせます。いじめをするなら，先生と闘う覚悟でしなさい。いじめをする子は先生にとって，『敵』です」

3 いじめの芽を見つけたら

　ここまで言っておいても，いじめをしようとするのが子どもたちです。教師は，いじめの芽を絶対に見逃してはいけません。
　たとえば，ある男子が隣の女子と机をくっつけず，間をちょっと離すなんてことが起こります。そんなときは，次のように対応します。
　「いじめは，隣の席の子と机をくっつけない，ちょっと離すなんて小さなことから始まるんです。机を離すなんて卑劣なこと，許せますか？　絶対に許せない人？」
　まずは，こう呼びかけて，全員に手を挙げさせます。これで教師は，多数派です。「いじめは絶対に許さない」という多数の世論をバックに，机を離していた子を少数派に追い込み，孤立させます。
　その上で，全身全霊を傾けて厳しく叱ります。
　「それなのに，机を離している卑劣な子がいる。〇〇（子どもの名前）立て！　先生はそういういじめにつながる卑劣な行為は絶対に許せない！　ほかのみんなも，そうだよね。こういう卑劣な行為は，絶対に許してはダメだ！」
　こんなことを何度か行うと，「いじめは絶対に許さない」という雰囲気が教室にでき上がります。そうなれば，大丈夫です。と言っても，気を抜いてはダメですね。「教室には，いじめがあるものだ」と思っておいた方がいいです。その構えが，いじめの早期発見につながります。

（中村健一）

1 いじめを起こさない「空気」をつくる

 教師の笑顔で,
プラスのオーラをつくり出す

 プラスのオーラが満ち溢れた教室をつくる

入った瞬間に,「あぁ,この学級には深刻ないじめなんて起きないだろうな」と感じる教室があります。教室の中に,プラスのオーラが満ち溢れているのです。どの子どもたちの表情も明るく,ニコニコしています。すべての子どもにとって,教室が居心地のいい空間になっているからです。このような教室に,「誰かをいじめてやろう」なんて「空気」が発生するはずありません。

 子どもたちの笑顔をつくるために

では,子どもたちの笑顔をつくるために,教師は何をしたらいいのでしょうか。

別に,流行りのお笑い芸人の真似をしたり,自分の体験を面白おかしく話したりして,子どもたちを笑かせる必要はありません。

「面白い教師」にならなくてもいいのです。面白い教師になることよりも,「楽しそうな教師」になることを目指してください。自分が面白いことを言わなくても構いません。いつも楽しそうにしていればいいということです。もちろん,面白い教師を目指しても構わないのですが,面白い教師になるには,センスも必要です。無理してイタい空気をつくってしまうと,かえって教室の雰囲気が悪くなります。ところが,楽しそうにすることに,特にセンスは必要ありません。「笑顔でい

ようと意識する」ちょっとした努力ができればいいのです。

3 「楽しそうな教師」になるために

「楽しそうな教師」になるためには，教師は子どもたちに笑顔を見せることが大切です。ただ，これは，「教師は，常にニコニコと笑顔でなければいけない」ということではありません。そんなことは，私もできません（やろうとも思いませんが……）。

1日中，ニコニコする必要はないのです。

「笑顔でいようと意識すること＝常に笑顔をキープすること」ではありません。きりっとした顔も，真面目な顔も，驚いた顔も，悲しそうな顔も，ときには怖そうな顔も必要です。

ベースはあくまでもニュートラルな自分の表情になります。そして，何かのリアクションをするごとに，意識して笑顔を乗っけていくのです。

「おはようございます！」あいさつの後に，笑顔。

「はっきりとした声で読めたね」音読を聞いて，笑顔。

「あれ？」授業中，チョークを落としてしまい，笑顔。

「ありがとう」休み時間，ゴミを拾っている子を見つけて，笑顔。

笑顔でいる時間は，1回あたり3秒ほどで構いません。この3秒の回数を増やしていく……これが，「笑顔でいようと意識する」ということなのです。目安は「45分の授業で20回の笑顔」です。これでも，教師が実際に笑っている時間は，1分間ほどしかありません。

この1分間の笑顔によって，子どもたちは，あなたを「楽しそうな教師」と認識します。あなたから，プラスのオーラを感じ取るようになるのです。そして，そのプラスのオーラは，やがて，教室中に広がっていきます。かくして，教室の中に，いじめを起こさない「空気」が満ち溢れるようになるのです。

（俵原正仁）

1 いじめを起こさない「空気」をつくる

5 面談に勝るものなし

一番シンプルなことを愚直にやる

　ある学校で，子どもたちを2年間持ち上がりで担任しました。その学校は1学年1学級。中1のときの担任が途中で病休に入った学級で，子どもたちも深く傷ついている。大人への不信も根深い。その学級でぼくが最も大切にしたのは，「個人面談」です。2年間で，受験のための面談を別として，8回。41人の学級だったので，事実上1年中面談をしているような感じです。

　初めての面談の折，ぼくの顔を見るだけで涙ぐんでしまう男子がいました。緊張するのです。何者かわからない大人が自分と差し向かいで話をする。緊張しない方がおかしいはずです。来るだけで胸が苦しくなる，そういう子だっているのです。そもそもぼくは，子どものことを理解などできるわけがないと考えています。子どもの側からも同じことが言えるだろうと思っています。子どものことをよくわかっているなどと言う教師の学級でしばしば陰湿ないじめがまん延するのは当然だと思います。子どものことはよくわからない。だからこそ何度も何度も話をするのです。

学級という単位が制度疲労を起こしている

　残念ながら，何人もの識者が指摘する通り，長く続いてきた「学級単位で全員が同じことをする」という教育システムが制度疲労を起こ

しているといえます。同学年の子どもたちによる固定的な教室制度そのものがいじめの温床だと言う人さえいます。

そういう難しい条件の中で、ぼくらの教育活動は進められているわけですから、いじめが起こらないようにする決定的な方法などないと言えるでしょう。でも、子どもたちの親和的な雰囲気を学級の中に生み出していくことで、いじめのないコミュニティをつくることが、ぼくらの願いです。ですから教室に親和的な「空気」を醸成していくために必要なことをしっかり行っていくという視点が重要です。

横藤雅人氏は、教室づくりを縦糸（教師と子どもの関係）と横糸（子どもと子どもの関係）で織る「織物」にたとえています。中でもしっかりした縦糸が重要だ、と。そのためのやり方はいろいろあるでしょうが、まずは教師と子どもたちとの共感的な関係づくりが大切だと考えます。教室を掌握するという意味での縦糸ではなく、教師と子ども一人一人との関係の糸を太くするのです。

3 「技」より「量」を優先したい

そのために一番良い方法は何か。いくつか方法はあるでしょうが、ぼくの実感では最も有益で意義深い方法は「個人面談」です。これに勝るものはないでしょう。この方法は特に若い教師に勧めたいのです。若い教師はベテランに比して「技」がありません。「技」を身につける努力の手を抜いてはいけませんが、何よりも一人一人の子どもと向き合う「量」を増やすことが大切だと言えます。

さて、冒頭に紹介した涙ぐんでしまった男子の話です。

ぼくは、卒業期、受験校も決まり、進路の方向も定まった後に最後の面談を行っています。彼はその最後の面談で「先生、たくさん面談の機会をくださってありがとうございました」と言っていました。

いいえ、こちらこそ、本当にありがとう。　　　　　　　　　（石川　晋）

2 「場面別」いじめを起こさない学級づくりのポイント

1 【学級開き】 まず,「いじめの実態」を把握しよう!

1 4月までに子どもの実態を把握する

　基本的にいじめはどの学級にでも起こりますが,適切な対応をとれば避けられるケースが多いです。いじめの予防で特にポイントとなるのは4月の「学級開き」です。

　新年度が始まる前に,子どもたちの実態把握をしておくことは絶対に必要です。児童調査票や指導要録には丹念に目を通し,いじめられやすい状況にある子がいないかどうか,基本的な部分を把握しておきます。特に児童調査票からは,家族構成（母子家庭児童,父子家庭児童など）や健康状態（いじめられやすい要因はないか）などを頭に入れておきます。逆に,指導要録からは子どもの長所や特技を拾い上げ,名簿などに整理しておきます。そして,学級開きでは,子どもたちの良い面をクローズアップするように意識します。

　前の担任との引き継ぎも,学級の現状を知る上で大変有効です。特に,いじめられる傾向にある子どもの情報は要チェックです。現段階で,いじめの状況はどうなのか,保護者の考えはどうなのかなどについて,入念に引き継ぎ,その子に対しては慎重に対応していきます。

2 「ひとりぼっちの子」調査で,人間関係を把握する

　向山洋一氏によって開発された「ひとりぼっちの子」調査。
この調査をすれば,「いじめられっ子」予備軍がわかります。

その方法は，学級の全員について，休み時間に誰と何をしていたのかを調べ，それを1週間続けるのです。この方法で調べると，たとえば「5日間とも中休みにひとりでいた」「4日もひとりでいた」という子が出てきます。そんな子を「ひとりぼっちになりがちな子」と定義します。

　友だちみんなで遊べる楽しい休み時間に，ほとんどひとりでいるのであれば，調べてみる必要があります。

　この調査方法を用いれば，ほぼ100％の確率でひとりぼっちになりがちな子を発見することができます。いじめを発見する調査としても，大いに有効です。

文章完成法などで子どもの本音をキャッチする

　子どもたちは困ったときや助けがほしいとき，何らかのサインを送ってくるものです。

　文章完成法とは，子どもにとって大切だと思われる事柄を主語にし，続きの部分を空白にしておいて，子どもが文章を完成させる方法です。たとえば，「友だちは」に続けて文章を書かせてみると，「最近遊んでくれない」「嫌っているようだ」などと，本音が出てきたりします。

　また，「Aさんがあなたに，『いじめにあっているが，どうしたらいいだろうか？』と相談にきました。あなたなら，どんなアドバイスをしますか」というような問い方の調査もいいでしょう。

　答えによってその子のいじめに対する考え方がわかるし，ときには「〇〇さんに相談されました」と実名が出てくることがあります。

　高学年女子も，これなら他人のことのように書けます。気になる記述を見つけたときには，個別に呼んで話をします。

　クラス替えのない学級では，これらの調査を学級開き当初に実施します。クラス替えのある学級でも4月中に実施しましょう。いじめの発見につながることがあります。

（古川光弘）

2「場面別」いじめを起こさない学級づくりのポイント

授業中

2 「ちょっとした行為」を見逃さない

1 見逃すとまん延していく差別行為

いじめは休み時間など教師がいないときに起こりがちですが，授業中でもいじめと意識せずに下のような「ちょっとした行為」として差別行為が行われていることがあります。子どもたちが「この先生は気づいても，何も言わないだろう」と思っている場合は，さらに差別行為がまん延していきます。

①**間違いや失敗を笑う**

授業中の言動が原因で友だちをからかったりばかにしたりすることがあります。発問の意味を取り違えて間違った答えを言ったり，運動がうまくできなかったりするのがきっかけです。周りが笑ったときには「真剣にやっている人を笑ってはいけない」と話します。すぐに笑いがおさまればいいのですが，いつまでもくすくす笑ったり，そのことに関係する悪口（たとえば足が遅い子に「のろま」など）が出るようになれば，言った子に直接指導する必要があります。『教室はまちがうところだ』（蒔田晋治）などの詩を扱った道徳授業をするのも効果的です。

②**特定の子の席に座りたがらない**

授業中にグループをつくって，そのときだけ違う席に移動する際，子どもたちが特定の子の席に座りたがらないことがあります。その場合，その席の子が差別や偏見を受けている可能性があります。座らなかった子には個別に事実確認する必要があります。

③グループづくりができない

体育などでランダムに3人組や5人組をつくると、なかなかグループに入れない子がいます。周りの子が、その子が近づくとスッと向きを変えてしまうのです。年度始めに行うと、その学級の様子がよくわかります。このような場面が見られるときは、「誰かと同じグループになりたくないという気持ちは差別であり、差別はいじめにつながる」ということを教えます。

④プリントが回らない

プリントを配付するときは、普通は最前列の子から後ろに回していきます。渡し方について何も指導していなければ、いじめがあってもなくても、ほとんどの子が後ろの子を見ずにプリントを持った手だけを後ろに回します。

そのとき、後ろの子がプリントを取る寸前に、前の子が手を離し、プリントが落ちることがあります。「たとえプリントを通してでも、その子とつながりたくない」という意識の表れである可能性があります。

このようなことをなくすために、年度始めには「相手を見ずにプリントを渡すことはその人を大切にしていないこと」だと話し、「プリントを渡すときには必ず相手を見る」「『どうぞ』『ありがとう』などひと言つけ加える」「相手がプリントを取るまで自分の手を離さない」などと指導します。

「ちょっとした行為」を見逃さない

このような授業中の「ちょっとした行為」を見逃していると、子どもたちの人権意識がどんどん低下していき、いじめにつながります。逆に考えれば、これらの行為をその都度指導していくことで、子どもたちの人権意識を高めていくことができます。差別行為を見逃さず、その都度、適切に指導していくことが大切です。

(辻川和彦)

2 「場面別」いじめを起こさない学級づくりのポイント

休み時間
「死角」をなくし、いじめを防止する

休み時間の目配り

　通常，いじめは教師が見ていないところで起こります。つまり，時間でいえば休み時間，場所でいえばトイレなどで，いじめのリスクが高まります。いわば，教師の「死角」です。

　休み時間中の通りすがりに悪口を投げかけたり，いすを蹴ったりするいじめがあります。だから教師は，休み時間も教室全体に目を配る必要があります。休み時間の間中ずっと見張っているわけにもいきませんが，教師が教室にいるだけで抑止力になるでしょう。また，トイレの前を通るときには，時々様子を見ましょう。

　子どもがいじめで自殺したという報道では，よく「プロレスごっこをしていた」という言葉が出てきます。プロレスごっこも，いじめに発展しやすいいじめの芽です。そもそも，教室は暴れるところではありません。もし休み時間に，床で寝転がって友だちの上に乗ったり，戦いごっこのようなことをしていれば，やめさせるべきです。もっとも，休み時間に教室で暴れることを教師が制御できていないとすれば，いじめを止めることは難しいでしょう。

　休み時間の中でも，体育の前後の「着替えの時間」は教師も着替えるために教室を離れているので特に危険です。いじめが発生している学級では，下着を脱がされたり服を隠されたりすることも考えられます。よく，教師はきちんとした服装をし，体育のときだけジャージに着替えるべきだ，という意見があります。一日中ジャージ姿で教壇に

立つなんて許されない，というわけです。確かに一理あるのですが，「この学級は目を離せない」という場合は，朝からジャージ姿で教壇に立ってでも，子どもたちに目を配る必要があるでしょう。

昼休みは，教師の休憩時間になっている学校もあるので，本来は職員室でゆっくりお茶でも飲みたいところです。しかしこの時間も危険です。小学校では，休憩時間であっても，ほとんど教室で過ごしている教師が多いでしょう。もっともその方が，教室にひとりきりでいる子がわかったり，子どもたちが話しかけてきて情報を得ることができたりします。窓から校庭を見ていると，誰と誰が一緒にいるな，あの子は今日はいつもと違うグループと一緒だな……ということもわかります。

小学校と中学校の違い

休み時間の教師の動きについては，学級担任制の小学校と教科担任制の中学校では多少の違いがあります。

教科担任制の中学校では，ある学級で授業を終えたら，次の時間は別の学級へ移動しなければなりません。するとその学級では，次の授業までに教師がいない時間帯が生じます。小学校の場合は，教師は次の時間もその教室で授業をするのですから，移動の必要がありません。5〜10分の間に職員室へ行ってまた戻る手間を考えると，そのまま教室にいる方が多いでしょう。特に小学校低学年の場合は，いじめの有無にかかわらず子どもたちから目を離せないため，教師はほとんど職員室に戻ってきません。

休み時間もほとんど教師が一緒に過ごし，個人での対応が多い小学校と，逆に教師不在の時間帯があっても教科ごとにほかの教師とも接し，多くの目で見ることができる中学校。どちらもメリット・デメリットがあります。いじめが発生した場合には，その特性を見極めて「死角」をなくすよう対応しなければなりません。

(辻川和彦)

2 「場面別」いじめを起こさない学級づくりのポイント

給食の時間

4 給食は「指導」であり「学習」である

1 準備の時間

　給食の時間は，「準備の時間」「食事中の時間」「食後の時間」に分けられます。

　まずは準備の時間です。4校時（午前5時間制の場合は5校時）が終わったら準備の時間のはずですが，「休み時間」と思っている子がいます。手洗いや給食着への着替えをすぐに始めずに，友だちと話したり遊んだりしている子がいるのです。好き勝手におしゃべりをしたり走り回ったりしているので，がやがやしていてとても雑多な雰囲気です。繰り返しますが，午前の授業が終わったら「休み時間」ではありません。給食の時間は，教師にとっては「指導」であり，子どもたちにとっては「学習」の時間なのです。

　それなのに，教師は何をしているかというと，テストの丸つけや宿題のチェックなど……。気持ちはわかりますが，準備の時間は教師がしっかり子どもたちの動きに目を光らせている必要があります。そうしないと準備に時間がかかるし，誰がどこにいるのかもわかりません。2004年に起こった小学6年生による同級生殺害事件は，給食の準備の時間に発生しています。そこまで至らずとも，いじめや差別行為があっても気づけません。「給食の準備も指導の一部」「時間を大切にする」という意味でも，整然と，できるだけ早く準備を完了させるよう指導します。ちょっと意識させるだけでも，高学年であれば着替えも含めて10分もかからずに準備を終えることができます。

2 食事中の時間

　食事は，机を班ごとに向かい合わせて食べるスタイル，授業中と同じ机の配置で食べるスタイルなどがあります。それぞれメリット・デメリットはありますが，それは別にして，よくある差別行為は机を向かい合わせるときに「ちょっとだけ机を離す」という行為です。机を合わせるスタイルにするのであれば，きっちりとくっつけさせます。

　そして子どもたちの最大の関心事（!?）は「おかわり」です。これを子どもたちに任せると，好きなおかずを大盛りにして後で食べきれなかったり，ほかの子がおかわりできずに不満をもったりします。基本的におかわりは教師が行ったほうがいいでしょう。

　また，欠席の子のデザートなどをじゃんけんで取ることがありますが，せっかくじゃんけんで勝ったのにほかの子に譲る子がいます。何らかの力関係があることが予想されます。あらかじめ，「じゃんけんに参加するなら，その結果は変えられない。友だちに譲ってはいけない」と，全体に通告しておきます。

3 食後の時間

　食後は，食器や食缶などを配膳室へ戻します。普通は持ってきた子が同じものを持つことになります。持ってくるときに重いものはふたりで持つのですが，返すときは軽いのでひとりだけで持つことがあります。交互に持つならいいのですが，ふたりのうちいつも同じ子だけが持つことがあるのです。当番は，力関係でどちらかが楽をするような「弱肉強食」の世界にしてはいけません。きちんと公平になるようにしましょう。私の場合は，軽くても持ってきたときと同じでふたりで持つようにさせています。

（辻川和彦）

2 「場面別」いじめを起こさない学級づくりのポイント

掃除の時間
掃除の仕方を教え，システムをつくり，確認する

掃除の時間は無法地帯！？

　掃除は，学年が上がるほど広範囲を担当することになります。「高学年だから，教師がいなくても大丈夫だろう」という考えなのでしょう。しかし，教師の目が行き届いていないと，そこは無法地帯になりがちです。

　まず，掃除の時間にすぐに決められた掃除区域へ行く子と，なかなか行かない子がいます。行っても，しゃべったり座り込んだりして掃除を始めない子がいます。そういう子は，雑巾がけをしたがらず，いつもほうきを持ちたがります。ちゃんと当番が決められているのですが，無視しているのです。その結果，いつも真面目な子たちだけが大変で面倒な仕事をすることになります。弱い立場の子が掃除を押しつけられるようになれば，それは学級が崩れ始めている証しであり，いじめの温床にもなります。

　では，掃除の時間に教師は何をしているのでしょうか？　教室でテストの丸つけや宿題のチェックをしていることが多いのです。それでも，教室にいれば教室内の様子は把握できるでしょう。しかし，ときには職員室でお茶を飲んだり世間話をしていたりすることもあります。同時刻，遠く離れた理科室や音楽室では，ほうきを持ったやんちゃな子たちが新聞紙を丸めたボールで野球をしている，ということも知らずに……。

　掃除の時間に発見しやすいいじめもあります。たとえば教室を掃除するときに特定の子の机やいすを誰も運びたがらないことです。また

は，その子の机やいすを運んだ後に近くの子にタッチして，タッチされた子がまた別の子にタッチして……と，その子のものを「汚いもの」として扱うのです。教師がいるとその動きが最小限になるのでわかりにくくなりますが，そのようなちょっとした動きにも教師は敏感になっておく必要があります。教師はたとえ教室にいても，丸つけや宿題のチェックではなく子どもたちをよく見ておかなければなりません。

 そもそも掃除の仕方を知らない！？

　子どもたちが掃除にきちんと取り組まないのは，掃除の仕方を教えてもらっていないことも原因のひとつです。どういう手順で，どのように掃除をするのかをきちんと教えておかないと，やることがわからない子や，もう終わったと判断した子たちが遊び出します。

　年度始めに自分の学級が担当する掃除区域が決まったら，前年度の担当に聞きながら掃除の仕方を把握します。自分なりに考えて，合理的にアレンジするのもいいでしょう。そして年度始めの1〜2時間を使って，全員を各掃除区域に連れて行き，掃除の仕方を教えて，実際にその場で掃除をさせます。1週間ごとに掃除区域を変えると，掃除の仕方が定着しないうちに新たな掃除区域になるので，2週間ごとや1か月ごとに変えるようなシステムにします。

　教師は国語や算数の授業では，指導案をつくったり研修会に参加したりして，わかりやすい教え方や教材づくりを研究します。しかし掃除に関しては，まったく何の研究もしていないことが普通です。だから，初任者とベテランの掃除指導にほとんど差が見られません。それでいて，子どもがちゃんと掃除をしていなかったら怒るのです。

　掃除の仕方を教え，きちんとしたシステムをつくり，それが機能しているかどうかを随時確認しておくことは，学級づくり，ひいてはいじめ予防のためにも大切です。

　　　　　　　　　　　　　　　　　　　　　　　　（辻川和彦）

2「場面別」いじめを起こさない学級づくりのポイント

修学旅行

6 修学旅行を「つらい思い出」に
しないために

1 班づくり・班活動で

　いじめられていたり，仲間外れにされていたりする子が修学旅行のときにまず気にするのは，班のメンバーです。誰と一緒の班になるかが天国と地獄の分かれ目といっても過言ではありません。普段の学校生活と違って，朝から晩まで，いやひと晩中一緒なのですから。

　教師によっては子どもたち自身で班をつくらせることがあります。学級づくりがうまくいっているのなら問題ないのですが，そうでなければ誰も引き取ってくれない子が残ることがあります。そういう子は自分から「一緒になろう」と言うことができず，ほかの子たちが班のメンバーに決まっていく中で，あらためて疎外感を感じてしまいます。

　旅行先でもそのような屈辱を受けたくない，という心理があると，当日の朝になって突然「行きたくない」という子が出てきます。ただでさえ慌ただしい出発の朝に，教師たちが右往左往することになります。学級づくりがうまくいっていなければ，人間関係を考えながら教師が生活班や学習班の構成を決めた方がいいでしょう。

　班が決まったら，見学したり活動したりするときにはその班で行動することになります。ところが，よく，見学地をひとりで歩いている子がいます。事情を聞くと，ほかのメンバーがその子だけを置いてどこかへ行ってしまった，と言うのです。おとなしい子や行動が遅い子は取り残されがちです。いじめでなくても，その子にとっては「つらい思い出」が残ります。班行動の意識が足りない子は，別の班の仲が

良い子同士で回っていることもあります。事前に，修学旅行はプライベートな旅行ではなく学習であること，班で協力し合うこと，何があっても班のメンバー全員で行動することを約束させておきます。

2 乗り物の中で

　修学旅行に同行するのは，担任のほかは管理職や養護の先生などだと思いますが，移動の際の乗り物の座席はどういう視点で決めているでしょうか？　もし，教師が全員，前方（1～2列め）に座っているのであれば，変えた方がいいでしょう。なぜなら前方では子どもたちの様子が見えないからです。少なくともひとりは子どもたち全員を見渡せる後方の席に陣取らなければなりません。「乗り物の中まで子どもたちを見張らなければならないのか」と思われるかもしれません。しかし，悪ふざけやいじめで，前に座っている子の頭をたたいたり座席を蹴ったりすることもあります。子どもたちの様子を把握するなら，やはりひと目で見渡せる一番後ろがいいでしょう。

3 部屋の中で

　日中の活動が終わって，ほっとひと息つけるはずの部屋の中ですが，ここが最大の教師の「死角」です。たまに教師が様子をのぞきにきても，それ以外の時間が圧倒的に長いのですべては把握できません。しかし，最低でも部屋の中で加害行為がないようにしなければなりません。気になる子がいる場合には，必ず部屋の鍵を中から閉めないように約束させておき，（宿泊施設にもよりますが）ストッパーで少し扉が開いた状態にさせておきます。廊下から部屋の中の話し声や物音を聞こえやすくしておくのです。そして，教師が交替で頻繁に様子をうかがうようにします。

（辻川和彦）

2 「場面別」いじめを起こさない学級づくりのポイント

合唱コンクール
7 「何のために歌うのか」を明確に！

1 合唱コンクールに潜むいじめの構図

　中学校の定番行事である合唱コンクール。多くの学校では学級対抗で優勝（金賞）を目指して，合唱をつくり上げて勝負します。かつて練習時間に余裕があった頃は，子ども同士の合唱に対するさまざまな思いのぶつかり合いを経て，合唱は深みを増していきました。しかし，近年は，「授業時数の確保」が求められ，練習時間が短縮される傾向にあります。短い練習時間で合唱をつくり上げるために，教師は結果を出すことに急ぎがちになります。すると，学級全体がいわゆる「勝利至上主義」に覆い尽くされ，歌が苦手な子や練習に意欲的になれない子たちは次第に居場所をなくしていきます。

　そして，皮肉なことに実行委員や指揮者，伴奏者，パートリーダー（以下「リーダー集団」）が一生懸命になればなるほど，いじめの芽が膨らんでいきます。リーダー集団の発言は，「正義」です。「正義」はときに，人間理解をゆがめます。さらに教師は，当然，リーダー集団のサポートに回るので，歌が苦手な子や練習に意欲的になれない子たちは，ますます居場所をなくしていきます。こうして，学級全体が重苦しい雰囲気に包まれてしまいます。こうなるともう学級は合唱どころじゃなくなってしまいます。歌わないことは「悪」になり，罵り合いから始まり，歌わない子，意欲のない子が「やり玉」にあげられるのです。最近は，直接相手には言わずに，LINEで陰口が「拡散」されてしまいます。

2 「なぜ歌うのか」を問う

　しかし，そもそも合唱コンクールの「ねらい」は何でしょうか？もう一度，合唱コンクールの実施要項を確認してください。おそらく「協力」「人間関係づくり」「達成感」などの文言が並んでいるはずです。教師は子どもたちにもその「ねらい」を伝え，「勝利」よりも大事なことがあるということを何度も何度も確認すべきです。

　以前受け持った学級では「金笑（きんしょう）をとろう」と訴えました。「みんなで笑って楽しもう。その結果の『金笑』です。大事なことは『みんなで』という部分です。だって，ひとりでは『合唱』はできませんからね！　一人一人がベストを出し合って歌った合唱こそ『金笑』なのです」と。大事なことは，このような教師の語り（想い）を繰り返し伝えることです。

3 リーダー集団への働きかけ

　教師のこのような想いを，リーダー集団には事前に伝えておきましょう。「一人一人を大事にしよう！」ということを，わかりやすく話しておくのです。この「一人一人を大事にする」ことが，当たり前になっている学級では，いじめが起きるはずはないのです。

　私は合唱練習後，リーダー集団と「今日の練習で，練習に前向きだった人は誰だった？」「どうすればみんなが意欲的になれるかなあ」とよく話し合います。そして，その練習の方向性をホワイトボードに書き，練習のときに実行委員が全体に示してから，練習を開始しました。

　さらに，歌が苦手な子には，よく声をかけました。

　このように学級を温かい雰囲気にすることが，いじめを予防し，合唱コンクールを意味あるものにするということなのです。　（合田淳郎）

2 「場面別」いじめを起こさない学級づくりのポイント

運動会
8 学級を「チーム」に育てる

1 群れを集団に（「グループ」を「チーム」に）

　運動会は，運動が得意で自己顕示欲の強い子にとっては「晴れの舞台」です。教師も，そのような運動が得意な子に関心を向けがちです。
　運動が得意な子は「勝ちたい」気持ちが強く，どうしても周囲が見えなくなります。運動が苦手な子や，けがをしている子，身体が不自由な子に対する配慮が足りなくなることがあるのです。このような態度がいじめのきっかけになることもあります。
　そこで大事になってくるのが，「運動会で学級を『グループ』から，『チーム』にする」ということです。ここでいう「グループ」とは，目的をもたない群れのような集団のことです。それに対して，「チーム」とは，目的をもって協力し合える集団のことです。
　では，運動会の目的とは何でしょうか。
　学級対抗で運動会を実施しているのなら，子どもたちは「勝利」を目的にするでしょう。確かに「勝つ」ことは大事かもしれません。しかし，「いじめの予防」という観点からも，「勝利だけ」を目的にするのは危険です。「勝利を阻害する存在は邪魔だ」という発想になりやすいからです。では何を目的にしたらいいのでしょうか？　それは受け持つ学級の子どもたちの実態を見て判断してください。たとえば，「人間同士の関係性を深める」「思いやりの気持ちを育てる」「互いに応援し合える信頼関係をつくる」などのように。そして，教師も子どもたちも，共通したチームのイメージをもつことが大事です。

2 ある学級の取り組み

　以前担任していた学級に足の不自由な子がいました。運動会では，圧倒的に不利です。「大ムカデ競走」では，足を合わせることもできませんでした。何度練習しても，足が合わず，転んでしまいます。私はさすがにこれはダメかもしれないと思っていました。すると，リーダーの子が「大ムカデは，みんなでやることに意味がある。勝負は関係ない。彼に合わせて，ゆっくり歩いて完走することを目標にしたい」と提案したのです。その提案に反対する子はいませんでした。そして，「その分，みんなが違う競技でがんばればいいよ」「そもそも，勝ち負けを超えた何かをつかむのが今回の目的だろ！？」など，多くの意見が出されました。特にこの発言が私にはうれしかったです。なぜなら，「『価値ある勝ち』を求めよう」と，運動会の練習の最初に，子どもたちに話していたからです。もうこの話し合いだけで，私には十分でした。「この学級はチームになっている」。そう，心から思えた瞬間でした。

3 排除しないことが，いじめを生まない

　学級には多様な子がいます。多様だからこそ，面白いし，多様だからこそ，学級をチームにするのは大変です。また，最近の子は，放っておいてもチームにはなりません。「ひと手間」かけることが必要です。このひと手間こそが「愛情」です。教師は多忙です。しかし，だからこそ，何かひと手間をかけましょう。

　運動会は「手間をかける」チャンスです。どんどん声をかけましょう。自分は見てもらっているという「承認欲求」を満たすことが，今の子どもたちには必要です。このような「誰も排除しない」という教師の態度こそ，いじめ予防の肝になるはずです。

（合田淳郎）

3 「子どものタイプ別」いじめを起こさない学級づくりのポイント

お調子者・いじられキャラ

1 いじめへの「変化」「エスカレート」に気をつける

1 お調子者タイプの子

　面白いことを言ったり変わったことをしたりして，いつも友だちを笑わせている子がいます。そのような子が，お調子者タイプの子です。学級が安定しているときには，教室を明るい雰囲気にしてくれて教師にとってもありがたい存在です。

　ただし，その子はいつも誰かと一緒に行動していることが多いです。それがスクールカーストでいう残虐リーダー型の子だと心配です。残虐リーダー型の子がもし誰かに対して攻撃的になってしまうと，お調子者タイプの子も同調してしまい，加害者側になってしまうことがあるからです。共感力が低いという特徴があるので被害者の気持ちを感じ取ることができず，同調力が高いので残虐リーダー型の子に反旗を翻すこともしません。教室の中でこのようなタイプの子が多ければ多いほど，加害者となる子が増えてしまうのです。

　ポイントとしては，お調子者タイプの子よりも，その上位に位置する残虐リーダー型の子を押さえることです。その子を良い方向へ導くことができれば，自然にお調子者タイプの子たちもついてきます。

　そして，共感力が低いとはいえ，やはり子どもによって差はあります。最初から諦めてしまうのではなく，思いやりのある言動をほめたり，道徳授業で共感力を伸ばすような授業をしたりすることで，良い方向へ伸ばし，いざというときにいじめ行為にブレーキをかけさせることができます。

2 いじられキャラの子

　面白い反応をする子がいると，周りの子がいじったり，ときには教師もいじったりします。しかし第1章でも触れましたが，「いじり」は容易に「いじめ」へと転化します。「楽しそうにしているのに!?」と思われるかもしれませんが，土井隆義氏は「いじめの被害者は，所属するグループから完全に排除されたりはしない。むしろ，なかば仲間扱いされたままでいじめられる」(『友だち地獄「空気を読む」世代のサバイバル』ちくま新書，p.25) と指摘しています。いじられキャラの子は，嫌がらずに笑ったり文句を言い返したりするので，「いじら」れているのか「いじめ」られているのか判断がつかない，ということが起こるのです。

3 エスカレートするいじりを見逃さない

　けれども，そのいじりが，荷物を持たせる，何かを取ってこさせる，買いにいかせる……などの命令タイプに変化することがあります。
　そのうちに，いじる側は相手を自分の命令に従順に従わせることに酔いしれるようになり，どこまで命令に忠実なのか試したくなります。そこで，肉体的・精神的な苦痛を伴うことまで要求するようになります。わざと遠くまでいかせたり，恥ずかしいことをやらせたり……。そのようなときに中途半端に抵抗したりすれば，「なまいきだ」となり，さらにエスカレートして無理難題を要求してきます。ここに至ると非常に危険です。
　そうならないように教師はいじりの内容に注視しておき，要求が激しくなったり命令タイプに変化したりしたときに「それはやり過ぎだ。いじめですよ」「見ていて気持ち良くない。やめなさい」と釘を刺す必要があります。

（辻川和彦）

3 「子どものタイプ別」いじめを起こさない学級づくりのポイント

自己中心的な子

2 振り回されない学級づくりを

自己中心的な子にかかわり過ぎない

　授業中勝手に話に割り込んできたり，友だちの発言の揚げ足をとったりする。話し合いでは自分の意見だけを主張して人の意見を聞かず，自分の意見が通らないと不機嫌になる。こういった子どもはどの学級にもいることでしょう。
　自己中心的な子は，自分に注目してもらいたいがために行動します。だから，教師がその不適切な言動を叱ることも多くなります。でも全部叱っていたら学級の雰囲気が悪くなるし，学級の子どもたちのその子への見方も悪くなってしまいます。かかわり過ぎず，流すことも必要です。また教師の指導の意図を学級の子どもたちに話して理解してもらうようにします。

その子の思いを知り，認める

①その子の思いを知る
　自己中心的な子は，どうしてそのようになったのでしょうか。家庭や学校など，生活環境との関係が大きいと考えられます。これまで保護者や周りの人に自分を認められなかった経験を繰り返ししてきているのかもしれません。それで，認められたいと思う気持ちが強くなり過ぎ，自己中心的な言動をとるようになったのかもしれません。その思いを教師が考えてあげることがまず大事でしょう。

②個別にやさしく話をする

　叱り方も大切です。不適切な言動があったときにその場で短く叱ることは大事です。しかし学級全体の前で叱るとプライドが傷つくため反発を招く場合があります。そこで，後で個別に話をします。その言動がどうしてだめだったのか，どのようにすべきだったのかをやさしく伝えてあげます。その都度言い聞かせるのは大変かもしれませんが，子どもが心を閉ざさないように諦めずに取り組むことが必要でしょう。教師との信頼関係が築ければ指導が入るようになります。

③我慢できたことを認める

　また，教師と一緒に，我慢することについての具体的な目標を決めます。たとえば，「授業中は勝手に話をしない」とか「友だちとけんかをしない」とか決めて，それが守れたらほめます。小学校低学年ならカードをつくってシールをあげてもいいでしょう。

良さを認め合うシステムや教材を活用する

　叱られる子どもの良い面に目が向くようなシステムをつくります。

　菊池省三氏の実践に「質問タイム」と「ほめ言葉のシャワー」があります。「質問タイム」でお互いのことを知り，「ほめ言葉のシャワー」で具体的に良い行動を出し合い，価値づけを行います。深澤久氏の実践には「世のため人のため」があります。みんなのために自分が行ったことをカードに書き，見える化していきます。

　また，ソーシャルスキルトレーニングの教材がたくさん出ています。それらを使って計画的に学習をしていくといいでしょう。特に，自己中心的な子のためにアサーティブコミュニケーション（自他ともに尊重し合いながら人間関係を築く方法）のトレーニングも取り入れ，相手の意見を尊重する態度を育てていくといいと思います。　（橋本慎也）

3 「子どものタイプ別」いじめを起こさない学級づくりのポイント

空気が読めない子

そのままを認め、ほかの子たちとつなげよう

そのままを認める

「離席」する子がいる場合，離席はその子の特徴だと受け止めてしまいましょう。「しばらくすれば，座るだろう」と放っておく程度に考えるといいのです。

離席を注意すればするほど，空気が読めない子へのほかの子どもたちの目が，厳しくなっていきます。教師が発する注意の言葉を，そのままほかの子どもたちが言うようになります。離席から戻ったとき，「おかえり」と言うくらいの対応でちょうどいいのです。

よく知り，かかわりを深める

空気が読めずに集団の中で問題行動を起こす子でも，一対一で話をすると素直な子だったりします。

大切なのは，子どものことを知ることです。日記，観察，そして，元担任や保護者からの情報はできるだけ入れたほうがいいです。

その子の好きなものは，何でしょう。それを知るだけで，会話が弾んだり，ルールづくりに活かしたりもできます。

そして，何よりも確実なのは，その子自身とのかかわりです。できれば，一緒に遊んだりするといいでしょう。

ほかの子どもたちとつなげる

子どもを知り，教師とつなげることができたとします。
その次は，下のような工夫で子どもと子どもをつなげることです。
①**席替え**
席替えの後は，隣の子と握手をしましょう。
余裕があれば，「あっちむいてホイ」などのゲームを入れるとさらにいいでしょう。
②**遊び道具**
これは，学校のルールに従ってやることですが，私は教室に将棋を置いています。将棋は，やまくずし，タワー，ドミノ，回り将棋，とグループで多様な遊びができます。当然，本当の将棋やはさみ将棋など一対一の遊びもできます。
遊び道具を置くことで，教室は「つながる」場にパワーアップします。

 ## 「空気が読めた」瞬間を逃さずほめる

空気が読めない子は，教師やほかの子どもたちと，見えている世界が違うのかもしれません。少しでも「空気が読めた」瞬間を逃さずほめていきましょう。

「注意をする」ことも，多くなると思いますが，「ほめる」ことを忘れないでください。少しずつ「空気を読める」経験をさせていきましょう。

できたら「ご褒美」をもらえる「トークンエコノミーシステム」など，目に見える形でほめていくのもひとつの手だてです。ご褒美は，その子に合ったもの（たとえば，給食のおかわりなど）が最適ですので，やはり，教師がその子のことをよく知ることが大切です。

(黒川孝明)

❸「子どものタイプ別」いじめを起こさない学級づくりのポイント

行動に時間がかかる子

4 スモールステップで「伸びた」をほめる

プラスの評価で学級を温めよう

「とろい」ことを理由に，いじめられてしまう子どもがいます。

たとえば長縄大会。子どもたちは熱くなって練習に打ち込みます。「とろい」子どもはすぐ引っかかってしまい，リーダー格の子どもから文句を言われます。体育が次第に嫌になり，着替えるのが遅くなります。教師から「みんなを待たせていますよ」という声も出てきます。長縄大会本番は登校をしぶり，欠席するケースも見られます。

3年生男子のAさん。着替えに時間がかかる，給食を食べるのが遅い，と担任から聞きました。サポートとして朝の会に入ると「宿題を忘れた人」「ハンカチを持ってきていない人」など，チェックするのがマイナスの部分ばかりでした。案の定，Aさんには×がたくさんつきます。しかも，その日のめあては「体育の時間に遅れない」。Aさんの居場所がないのです。

そこである日，その学級に入り，あいさつゲームをしました。「男子は女子，女子は男子とあいさつをします。1分間で何人とあいさつできるかな？」

気を利かせた女子がAさんにも声かけをしてくれます。

「ろう下を走らない」とその日のめあてが書かれていました。私は「1日に3回以上笑う」と書き換えました。すでに全員1回めの笑いが起きます。ゲームをして2回めの笑い。帰りの会では「先生，今日10回以上笑った」，さらに「ぼく，2回人を笑わせた」という子がいました。

このようにプラスの評価で,学級を温めましょう。

「伸びた」ところをほめよう

　強く指導したり,文句を言ったりしても,行動に時間がかかる子が急に素早くなることはまずありません。時間がかかります。
　Aさんに接する際にはスモールステップで「伸びた」ところを認めていくことを心がけました。「教科書を片づける」「体育着に着替える」「着ていた服をたたむ」「運動場に出る」などの段階に分け,「ここまでできた」ことを実感させました。たくさんほめるチャンスが生まれます。さらに,明日はここまでやろうと,目標を具体的に感じさせられます。
　Aさんは「信二先生の授業を早く受けたいです」と上手な字で手紙をくれました。丁寧さをしっかりほめました。もちろん,Aさんだけ特別扱いしたと思わせないように,いいところ探しで全員をほめます。

行動に時間がかかる子を受け止める学級づくりを

　いじめは,行動に時間がかかる「とろい」子をターゲットにすることが多いです。いじめをしてもいい理由はありません。しかし,一度指導したとしても,いじめっ子のその子への接し方が,すぐに大きく変わることは少ないです。粘り強く指導していくのです。
　行動に時間がかかる子を受け止める学級集団にするためには,周りの子どもへの指導も大切です。いじめる子どもに直接注意することは,かなりの勇気が必要です。時間をかけて,いいところを認め合い,何でも言い合える学級づくりに努めましょう。Aさんの場合は,「Aさんは字がうまいよ」と教師がモデルを示すことも必要です。「さっきは言えなくてごめんね」などの言葉が出てくる集団にまで伸びてくれば,いじめていた子の行動も変わってくるはずです。

（笹原信二）

③「子どものタイプ別」いじめを起こさない学級づくりのポイント

外国人の子・帰国子女

「知らない」不安から「よく知っている」安心へ

1 「差別の芽」「見えない壁」に早期に気づく

　ある日，パキスタン出身のＡさんが泣きながら訴えてきました。国語の新聞づくりで，Ａさんの班は日本とパキスタンのことを記事にし，パキスタンの建国者の写真を載せました。すると，周りの子が「髪型が変」と言ったのです。子どもたちは，Ａさんを悲しませたり困らせたりするつもりはなかったようですが，「自分たちと違うもの」に「珍しさ」や「違和感」を感じ，それを深く考えることなく口に出してしまったのです。このことは，私には外国人に対する「差別の芽」だと感じられました。

　この出来事をきっかけに，Ａさんが次のような悩みを抱えていることを知りました。「誰も私のことをわかってくれない。悩みを相談できる友だちがいない。もっと自分のことや自分の国のことをわかってほしい」という悩みです。

　外国人の子は，周りの友だちが自分の国の人・物・文化の価値を認めてくれないことがわかると，友だちとの間に「見えない壁」を感じます。学級の輪の中に入れてもらえていないという不安を感じ，積極的に友だちとかかわることができません。

2 「知らない」を「よく知っている」に変える

　このような場合は，単刀直入に，子どもたちにＡさんに対する気持

ちを聞くことが解決の糸口になります（Aさんのいないところで聞きます）。

「パキスタンの服装や食べ物などが日本とは違い過ぎる」「どう接していいのかわからない」「Aさんのことを知りたいけど，いろいろ聞いてはいけない気がする」……。そんな子どもたちの言葉から，子どもたちが，Aさんやパキスタンのことを「知らない」ということがわかります。

同時に，そこから，Aさんの悩みを解決する糸口が見えてきます。それは，「『知らない』を『よく知っている』に変える」ということです。

子どもたちがAさんに積極的にかかわることができなかった理由は，「知らない」からくる不安や不審でした。それが，「見えない壁」の原因だったのです。

そこで，以下の手だてをとりました。

①世界の国々や世界の人々について絵本や写真を使ってさまざまな違いを紹介する。
②パキスタンと日本の文化の違いを比べながら紹介する。
③Aさんがパキスタンの文化やイスラム教について紹介する場をつくる。
④Aさんが使っている言葉をみんなで学ぶ場をつくる。
⑤学級通信で指導内容や子どもたちの受け止め方を家庭に知らせる。

5つの手だてで，「知らない」から生み出されていた不安や不審が解消されました。「世界」や「違い」に対するとらえ方を少しずつ変えていくことができました。

こうして学級がすべての子どもたちにとって安心して過ごせる場所になったのです。「知らない」を「よく知っている」に変えること。これが，外国人の子や帰国子女がいる学級でいじめを起こさない重要なポイントです。

(猪飼博子)

3 「子どものタイプ別」いじめを起こさない学級づくりのポイント

高学年女子

6 陰湿化につながる行為には先手が有効

1 女子は「天使」ではないという前提に立つ

　男子と女子のいじめの違いは，表面化されるか否かにあります。男子は「悪口」「暴言」「暴力」という目に見えやすい形であるのに対し，女子は「仲間外し」「陰口」「物隠し」のように陰湿化しやすいのです。

　一般的に男性教師は，女子に「しっかり者」「やさしい」「かわいい」といったプラスイメージを抱くことが多いようですが，実際の女子はそんな「天使」ではありません。男子と同じく怒りや残虐性を孕(はら)んだ存在です。しかも怒りの多くの要因は「嫉妬」。嫉妬は醜い感情とされており，それを表出するのは「かわいく」ないし「いい人」でもありません。必然的に，女子の怒りは陰湿な行動へと転化しやすいのです。

　学年が上がるにつれて女子は数名で「群れ」をつくって行動することを好むようになります。「群れで生活しながら子育てや家事をした時代の名残り」「女性脳は群れて安心するようにできている」という説もあるようですが，私は「友だちが多い子＝良い子」という世間的な価値づけにより群れ化していると考えています。つまり，友だちが多いのが良い子というイメージがあるため，その期待に無意識にそって群れ化しているのです。ですから，ひとりきりでいることは格好悪いことであり，「仲間外し」はこの上ない侮辱であるわけです。「ひとりにならない」ことは，女子にとっての最重要課題であるのです。

内緒話，手紙回しを完全排除する

　このふたつが横行すると，教室の安心感が損なわれ，関係性が不安定になります。よって納得のいく理由で禁止にすることが必要です。

> 【事例1】6年生女子のAさんが教室に行くと，女子数名が集まって小声で何か話しています。その中のひとりと目が合うと，その子はクスッと笑って，またみんなの会話に加わりました。

　もし自分がAさんの立場だったらどう思うかを交流させます。自分が笑われたように感じるという感想が出されます。実はテレビ番組のことを話していて，目が合ったのは偶然で悪意はないことを伝えます。しかし，その場にいれば，不安な気持ちになることを共有します。

> 【事例2】6年生女子のBさんがトイレに行くと，CさんとDさんが手紙を交換していました。ふたりとはとても仲良しなのに，Bさんには手紙がありません。しかもふたりは手紙を見ながら笑っています。

　これも，Bさんの立場で考えさせます。不安な気持ちに加えて，寂しさを感じることが挙げられます。実はダジャレが書いてあっただけだったとしても，疎外されたような気持ちになることを共有します。
　その上で，だからこのふたつはやめようと投げかけます。
　「大事なことが伝えられない」と訴える子には「誰かが手紙を拾ったら秘密は公になるし，落とした人のことを責めたくなるし，友情も破綻する。だから大事なことは直接言葉で言うべきだ」と指導します。
　このふたつのツールを教室のタブーにすることは，「言いたいことは正々堂々と」という世論形成にもつながります。　　　　　（宇野弘恵）

3 「子どものタイプ別」いじめを起こさない学級づくりのポイント

感情的になりやすい子

7 教師が「どの子も大切だ」と思えるか

 「必ず先生に言いなさい」

　感情的になりやすい子には，しっかり言っておくことがあります。それは「何かあったら，必ず先生に言いなさい」です。トラブルになったり，困ったことや嫌なことがあったりしたときには，小さなことでも教師に言わせるようにしましょう。そして，教師がそれをしっかり受け止めることです。その都度，その子に伝える言葉があります。それは「よく言いにきてくれたね」です。そのひと言で，その子はささいなことでも教師に言いにくるようになります。しかし，「これは言いにこなくてもいいこと」と思うときには，次のように話します。「大丈夫。これは，大丈夫」。この「大丈夫」が，安心感を与えるのです。

 「あなたは悪くないよね」

　教師に言いにくることができずに「いじり」などを受けて，感情を爆発させてしまうこともあるでしょう。そのときは，荒れている子どもに対してこう言います。「あなたは悪くないよね」と。

　教師は理解するべきです。その子が悪くないことを。よくこんなことを言う教師がいます。「確かにほかの子が悪い。でも，それに怒って，たたいてしまったあなたも悪いよね」と。それはそうかもしれません。しかし，その子は納得できません。感情の整理ができていないのに，自分の非を認められるはずがありません。

学級のすべての子どもたちを心から大切に思う

　感情的になりやすい子も含めて，子どもたち一人一人の立場やメンツが立つような学級経営を心がけましょう。運動が得意でなくても勉強が苦手でも，すべての子が活躍でき，学級中から尊敬されるようにしていきます。感情的になりやすい子は，学級の友だちから「疎まれて」いることが多いので，折あるごとに，「やっぱり○○さんは理解力があるなあ」など，特に，学習面で認めていくことが効果的です。日頃から，学級全体にその子の良さを広めていくことが大切です。

 いじめの定義をあらためる

　いじめのとらえ方で，いまだに誤っている人をよく見かけます。特に「片方が一方的にやられたら，それはいじめだ」というものです。しかし，それでは「やった相手がたたいたり，蹴り返したりして，一方的でないのなら，いじめではない」ということになってしまいます。感情的になりやすい子は，いじりやからかいという苦痛を受けて，手を出してしまったり，暴れてしまったりすることがあります。そのため，苦痛を感じていても「けんか」とみなされてしまうのです。いじめは，「一定の人間関係のある者から，心理的，物理的な攻撃を受けたことにより，精神的な苦痛を感じているもの」(文部科学省) なのです。子どもたちの多くは，これをわかっていません。

　さらに，いじめ行為をしているほとんどの子は，その自覚がありません。「遊び」とか「面白半分」です。その証拠に，加害者の子はこんなことを言います。「ちょっと，からかっただけ」。無自覚極まりない言葉です。「ちょっと，からかっただけ」も，いじめであることを何度も言って聞かせておくべきです。

(伊藤茂男)

3「子どものタイプ別」いじめを起こさない学級づくりのポイント

性的マイノリティの子
8 教師自身の偏見をなくす

 身近に存在する性的マイノリティ

　LGBTという言葉があります。レズビアン，ゲイ，バイセクシュアル，心の性と体の性が一致しないトランスジェンダーの頭文字で，性的マイノリティの総称として使われることの多い言葉です。芸能界では昔からそういう人たちが活躍していましたが，最近ではひとつのジャンルを形成するほど多くなってきています。とはいえ，身の回りではまだまだ少数です。教室で，となると圧倒的に出会う機会は少ないのですが，しかしそれは人数が少ないからということではなく，カミングアウトできない（していない）からなのかもしれません。まだまだ現実には性的マイノリティへの差別・偏見があり，親にさえ言えない（言わない）という人が少なくないでしょう。

 「○○っぽい」という先入観

　男子に対して「女っぽい」，女子に対して「男っぽい」とからかう言葉も見られます。「○○っぽい」という言葉自体が先入観なのですが，日本では昔から男性らしさ・女性らしさを美徳とする風習もあったため，よけいに「こうあるべき」という先入観から外れる相手に対して（無意識に）差別をしてきました。慣れないもの・よく知らないものに対しては差別意識が強くなってしまうのです。

3 教師も「差別者」!?

「いつまでも女みたいに泣くんじゃない」「男のくせに,そんなこともできないのか」「女なのにハンカチ持ってないの?」などの言葉が,残念ながら教師の口から出ることがあります。そういう発言を聞いた子どもたちは「男とは,女とはそういうものだ。だからあいつは変なのだ」とすり込まれ,からかいやいじめのネタにしてしまいます。

ヒューマン・ライツ・ウォッチ(国際人権NGO)の2015年のオンライン調査(25歳未満のLGBT当事者中心に458人回答)では,日本の学校でLGBTへの暴言などを経験した子どもは8割を超えており,そのうち約3割は教師の発言だったそうです。

この問題では,まずは教師自身が性的マイノリティに関する知識をもち,偏見をなくすことが先決です。

多様な性を認める学級に

多くの学校では,4月に家庭調査票というものを配付します。子どもや保護者の氏名,住所などを書く用紙です。それには「男」「女」のどちらかに〇印をつける項目もあります。アメリカのFacebookでは,「男」「女」のほかに58ものオプションの中から自分に合ったジェンダーを選択できるそうですが,日本もだんだんとそうなっていくかもしれません。子どもの性的傾向について早いうちにわかれば,対応を考えることができます。とはいえ,現状ではカミングアウトするのは相当な勇気が必要でしょう。無理に探す必要はありません。ただ,そういう子が「もしかしたら,この学級にいるかもしれない」と教師が考えておくことは重要です。性は多様なのだということを理解し認める学級にしたいものです。

(辻川和彦)

学校における性同一性障害への対応は？

国公私立の小学校、中学校、高等学校、中等教育学校（特区制度により株式会社等が設置する小学校、中学校、高等学校を含む）、及び特別支援学校（除：幼稚部）が調査対象。児童生徒が望まない場合は回答を求めないこととしつつ、学校が把握している事例を任意で回答するもので、必ずしも実数を反映しているものとは言えない。

(1) **性同一性障害の報告のあった件数**…606件
(2) **戸籍上の性別**…男：39.1％（237件）　女：60.4％（366件）
　　　　　　　無回答：0.5％（3件）
(3) **学校段階**…小学校低学年：4.3％（26件）　中学年：4.5％（27件）
　　　　　　高学年：6.6％（40件）
　　　　　中学校：18.2％（110件）　高等学校：66.5％（403件）
(4) **特別な配慮の例**

項目	回答のあった事例
服装	自認する性別の制服・衣服や、体操着登校を認める
髪型	標準より長い髪型を一定の範囲で認める（戸籍上男性）
更衣室	保健室・多目的トイレの使用を認める
トイレ	職員トイレ・多目的トイレの使用を認める
通称の使用	校内文書を通称で統一する　公式行事では通称で呼ぶ
授業(体育または保健体育)	自認する性別のグループに入れるようにする　別メニューを設定する
水泳	上半身が隠れる水着の着用を認める（戸籍上男性）補習として別日に実施する　レポート提出で代替する
運動部での活動	自認する性別の活動に参加することを認める
宿泊研修	1人部屋の使用を認める　入浴時間をずらす

（平成26年6月公表「学校における性同一性障害に係る対応に関する状況調査について」〈文部科学省〉をもとに筆者が整理した。）

　ここに挙げた数字は氷山の一角でしょう。もちろん、子どもだけでなく教職員や保護者の中にも存在します。多様な性、多様な生き方を認めることが、いじめのない社会につながっていくのです。

第3章 危機的状況編

いじめ発覚！
そのとき，どうする!?

予防策もむなしく学級が荒れてしまうことがあります。
いじめの芽があちこちに芽生え，ついにいじめが起き始めたら……
どう立て直せばいいのか？
早く正確に事実関係をつかむにはどうすればいいのか？
誤った対応をすれば，子どもや保護者との信頼関係が崩れ
いじめの治療に支障をきたします。
この章では，危機的な状況になったときの手だてや
正確な事実確認の仕方を示しています。

1 子どもが言うことを聞かない！ どこから立て直す？

教室の「空気」と「時間」の回復作戦

教室の「空気」と「時間」の統率の失敗！

　子どもたちが教師の指示に従わない。自分勝手な振る舞いをしているやんちゃな子たちがいる。授業を始めるまでに5分もかかる……。
　さて，この状態の学級を，どこから，どのように立て直していくか，です。教室は，教師と子どもたちがつくり出す「空気」と，流れている1日の「時間」によって構成されています。目に見えないこのふたつをきちんと教師が統率できていれば，荒れが起きることはなかったのです。
　教室の「空気」の統率の失敗とは何でしょうか。
　・教師が教室でリーダーシップを発揮していない。
　・教室の「空気」をやんちゃな子に握られている。
　教室の「時間」の統率の失敗とは何でしょうか。
　・集団がすばやくスムーズに動いていける段取りができていない。
　・子どもたちが自ら動いていける「学級システム」になっていない。
　この「空気」と「時間」の回復作戦をとるというのが，学級を立て直していく処方箋なのです。

教室の「空気」と「時間」の回復作戦

①「やんちゃな子対応」を見直し，8割を味方につけよう
　荒れた学級の教師は，今まで常に，学級で傍若無人に振る舞うやん

ちゃな子たちへの対応に追われてきているはずです。そこにばかり目がいっています。特に，2，3人の超やんちゃな子には毎日毎日熱心に対応してきたことでしょう。この子どもたちを包み込めれば，この学級は安泰だと考えてきたからです。でも，現実には，この2，3人と同じ行動をとる子どもが7，8人に増えているのです。対応の失敗です。

だから，視点を変えます。やんちゃな子に向けていた視点を，ほかの子どもたちに向けていきます。多くの子どもたちが「安心」できる教室づくりを目指すのです。

教師はとりあえず下の3つの態度を明確にすべきです。

①毅然とする。これだけは絶対に譲らないものを決めて，守り通す。
②叱る。口先ではなく，真剣に叱る。
③「指示－確認」を徹底する。

特に，「指示－確認」の徹底は，意識します。今までは，指示したことがあいまいになっていたはずです。でも，これをいい加減にしない。指示したら，できているかどうかちゃんと確認して（できていない子どもには注意して），次の指示を出すことです。

② 「スピードのある活動」を取り戻そう

学級が荒れてくると，必ずすべての活動に「スピード」がなくなってきます。まず，これを止めなくてはなりません。

「すべての活動の『始め』と『終わり』をきちんと守る」「学校で決められている日課表をきちんと守る」「だらだらとした『朝の会』『終わりの会』をやめる」「授業はすぐに始める」など，けじめのある生活を取り戻していくことは，日頃のゲームなどでスピード感に溢れた遊びをしている子どもたちにとっても快感になります。教室にスピードある活動を取り戻しましょう。

(野中信行)

1 子どもが言うことを聞かない！ どこから立て直す？

2 荒れに立ち向かうチームづくり

「遊び」で，「仲間」になる

　学校は，「安心感」と「楽しいおしゃべりの時間」が確保された上に教育が成り立つ場です。荒れた学級にはこのふたつがありません。このふたつを確保するには，「遊び」が一番です。

　遊びは「子ども心」を丸出しにし，ありのままの自分を周囲に認めてもらえる場です。教師が遊び心をもって子どもに接してやると，「私はあなたを攻撃しませんよ」というメッセージが伝わり，子どもに安心感が生まれます。すると，子どもは教師を「楽しさを共有できた仲間」ととらえるようになります。仲間の話は聞いてくれるようになります。

教育が成り立つ要素

子どもの困り感に寄り添う

　遊びを取り入れてほどよい人間関係をつくってから，個々の子どもが抱えている困り感に寄り添うようにします。寄り添うチャンスは，教師が子どもから逃げない限り，必ず向こうからやってきます。

　Aさんの家庭から，いじめを受けているという連絡がありました。私は家庭訪問にうかがい，保護者の了解を得て，Aさんとふたりきりで話しました。そして，Aさんの苦しさを理解しようとしました。その上で，「ひとりでは無理でも，先生とふたりならいじめに立ち向かえ

る」と言いました。その誓いの印にふたりで握手をしました。このようにして、機会のあるたびに学級の子どもたち一人一人と困り感を共有していきました。そして、必ずどの子とも固い握手を交わしました。

　Aさんのケースの結末を言うと、加害者の子と休み時間にトランプをしている最中に、私からもうやめてくれるように頼みました。その子にも寄り添っていたこともあり、すんなり解決をみました。

子どもの活躍の場を確保する

　Bさんは学級の中で「存在感がない」と言われていました。ある日、学級活動でトランプの神経衰弱大会を企画したところ、Bさんが一度も負けることなく優勝しました。これを見て、学級の全員がBさんの記憶力を称賛しました。「存在感がない子」から「記憶力がすごい子」に変わったのです。本人もこれが自信となり、自分の弱さを認めた上で、自分の良さも出すようになりました。それからは、何を言われても笑顔で返すようになり、そのうち誰もBさんの悪口を言わなくなりました。

　このように、子どもが活躍する場を設定することが大切です。

子どもとチームを組む

　握手をした子が学級の半数を超えたら、「学校のきまりを守る」や「授業中には勉強をする」など、ごく当たり前のことをやっていこうと呼びかけます。これにすぐさま賛同できないのが、これまで強い立場を維持してきた子たちです。彼らを見捨ててはいけません。「今は同じ方向に進めなくても、いつかは仲間になってくれるはず。それを信じて、今はじっと待ちます」と、子どもたちに告げます。

　こうやって、子どもとチームを組み、少しずつ荒れた学級の構図を崩していくのです。これがいじめの予防になります。

(高本英樹)

■1 子どもが言うことを聞かない！ どこから立て直す？

学力面の保障から

話して何とかしようとは思わないこと

「授業中，私語をやめるように言っても静かにならない」「勝手に立ち歩く」など，子どもたちが教師の言うことを聞かない場合，すでに教師と子どもたちの関係が切れています。教師がどんなに熱く語っても，その思いは伝わることはないでしょう。もちろん問題解決型や話し合いの学習など成立しません。こんな状況になってしまったら，心配なのは学力です。学力面の保障だけは大切にしながら立て直していきます。

学力の低下だけは食い止める

まずは授業を教師の言うことを聞かなくても進めていける展開にします。教科書を子どもがひとりで進めていく学習です。プリント中心に学習を進めていく学習塾のようなものです。そして，時間内にきちんと学習を進め，内容が理解できていればOK，という授業展開です。そのためには，授業の最後に学習内容がわかっているかどうかの確認を行います。私はそれを「関所」と呼んでいます。

算数などは特に進めやすいです。ある単元の教科書の2ページ分を自分の力だけでやらせます。算数の教科書は，自分ひとりで読んでも学習を進めることができるようにつくられています。

まず「教科書を読みなさい。教科書の空欄があればそれを埋めます。

問題があればノートに解きます。解けた人から持ってきてください」と指示します。そして、できた子どもの教科書やノートを丸つけしていきます。教師は○か×だけつけます。間違えたら、できるまで再度やらせます。

　教師は下手に教えようなどと思わないことです。一定の時間が過ぎたら（たとえば10分は自力でする、などして）、「友だちと相談してもいいですよ。もちろん先生に相談してもいいですよ」と話します。教師との関係が切れていても、子ども同士の学習によるかかわりを利用します。課題となるページが早く終わった子には、自習をさせたり、学習を先に進ませたりしてもいいでしょう。時間内に目標まで終わらなければ、自動的に休み時間や放課後、補習や宿題にさせます。

　授業の最後の「関所」、ここが一番重要です。その時間の学習がわかっているかどうかを確かめるための問題を1、2問出します。黒板に書いたり、プリントを用いたりします。相談せずにひとりで解き、できた人から教師に持ってきて丸つけをします。正解していれば合格（＝授業終了）。わからなかったり、時間内に終わらなかったりした場合は授業の後、黒板の前に集めて関所問題の解説をし、全員を正解させます。

「教えて」という子どもから関係を再構築

　教師抜きでもひとりで学習を進めることができ、学力がついていればいいのです。そのうち個別に「先生、ここどうやって解くの？」「教えてください」という子どもが出てきます。その子どもを大切に、丁寧に教え、わかるようにしていくことで関係を再構築していきます。

　子どもが言うことを聞かないといっても、何人かは教師とかかわりをもちたいと願っている子どももいるはずです。「勉強がわからなかったら、職員室に来ていいよ」と受け入れる心をもっておきましょう。

（広山隆行）

危機的状況にどう対応する?

 「靴隠し・物隠し」への対応

 隠された子に寄り添う

　靴隠しや物隠しがあったとき，一番悲しいのは，自分の持ち物を隠された子どもです。まずは，その子の気持ちをしっかり聞いて共感し，心に寄り添ってあげましょう。それから次のことを話します。

①教師は味方であり，解決に向けてできる限りのことをすること。
②これまでの経緯や心当たりがあれば話してほしいこと。
③持ち物への記名や整理整頓を徹底し，ときどき友だちと一緒に持ち物の確認をすること。
④つらいかもしれないが，毅然としていること。

　隠した子は，隠された子の様子をうかがっているはずです。ここで落ち込んだ顔を見せると，隠した子の思うつぼです。逆に平然を装うことで，その行為には効果がないと相手に思わせることができます。
　その後，本人の了解を得てから，全員でなくなった物を探したり，情報を集めたりします。できればその日のうちに隠された物と隠した子を見つけることを目指します。迅速な対応が問題の拡大を防ぎます。

 隠された子の保護者に寄り添う

　持ち物を隠された子の保護者も傷つきます。教師としては，その日のうちに家庭訪問をして，事実を報告すると同時に，担任として心が

痛むことを話します。そうやって、保護者の気持ちに寄り添います。
　次に、学校としての対応を具体的に話し、翌日からの様子を毎日報告すると伝えます。こうして、少しでも安心感をもっていただき、保護者の気持ちをつかんでおくことが重要です。

チームを組む

　靴隠しや物隠しがあった事実は、すぐに生徒指導部や管理職に報告し、複数の教師でチームを組んで問題にあたるようにします。そして、校内を手分けして探すことや、時間帯を決めて子どもの様子を見守ることなど、解決に至るまでの具体的な手だてを相談します。
　また、学級でも子どもたちと再発防止について相談します。
　こうして、チームで行動することが、次のいじめの予防になったり、隠された子に安心感を与えることにつながったりします。

学級の子どもの心に訴える

　隠された子のつらさを学級全体に話したり、いじめの授業をしたりする以外に、こんな実践をしたことがあります。
　人権標語を全員に書かせ、教室の入り口に掲示したのです。いじめのない教室を学級全体が望んでいることを発信するためです。
　以上のような手だてをして問題が起きなくなったら、「物を隠されてもがんばって登校した子」へのねぎらいと、「物隠しをやめた子」への称賛と、「物隠しをやめさせた子どもたち全員」への感謝の気持ちを伝えます。ここからが、いじめのない学級へのスタートです。（**高本英樹**）

2 危機的状況にどう対応する?

2 「悪口の落書き」への対応

すぐさま状況把握を

「落書きが見つかった!」そんなときはすぐに状況把握をします。
「①どこに,②何が書いてあり,③誰が,④いつ発見したのか」です。複数の教師ですぐに現場に行きます。校内であっても,校外であってもです。そして写真で証拠を残します。遠景と近景です。確認後,すぐに消します。見える場所に書いた落書きは,「誰かに見てもらう」ことで意味をなします。攻撃的な嫌がらせの一種です。ですから,消せるものであればすぐ消して,人目に触れさせません。

落書きは内容によってその後の対処が変わってきます。特に重要なのは「個人名が特定されているかどうか」です。個人名が書かれていれば「いじめ」です。すぐに全体に指導します。指導の際,子どもたちには内容のすべてを伝えません。たとえば,誰かの個人名が書かれていたとしても「友だちの名が」で留めます。その子あての悪口であると知らせ,ダメージを与えることが書いた子の目的だからです。

全体への指導

落書きをした子が特定されれば一番良いです。直接指導できます。でも実際には難しいでしょう。しかし,仮に書いた子が特定されなくても,学級の子どもたちに対して「このようなことは許さない」と示す姿勢が,次の落書きの防止につながります。学級指導はもちろんの

こと，学年・学校全体を集めて次のような話をします。
「残念なことがありました。ある場所に落書きがあったのです。友だちの悪口が書いてありました。一番良いのは書いた本人が正直に申し出ることです。先生たちはこれを一番に望んでいます。誰かが見ていて『あの人がやっていたよ』と後でわかると，隠した分だけ罪は重くなります。落書きについて知っている人がいたら教えてください。どんな小さなことでも構いません。今回，話をしたことでもう二度と落書きがなくなることを期待します。ただし，これだけ言ってもまだ続く場合は，かなり重症です。犯罪です。大変なことです。これは『いじめ』なのです」

その落書きが誰の目にも触れていないようであれば，書いた子しか知り得ていない情報を教師側がもっておくといいでしょう。疑わしい子の名前が出てきた場合，証拠・根拠とするためです。

書いた子がわかった場合でも，本人が自分から「書いた」と言うまでは，絶対に「あなたが書いたんでしょう？」と一方的に決めつけてはいけません。本人が「先生に疑われた」と保護者に訴えた場合，学校と保護者との信頼関係が崩れてしまいます。「見ていた人がいたから聞いてみるんだけど，どうかな？」と本人に問いかけていきます。本人が認めた後，それは人権問題であり，犯罪であることを指導します。

❸ 書かれた子へのフォロー

落書きを書かれた子の状況に応じて対応が変わってきます。本人が悲しむような言葉や内容であれば見せない方がいいでしょう。ただし，継続的にいじめを受けていた子の場合，保護者に伝える必要はあるでしょう。学校が隠していたと思われてはいけません。「こうした事実があるが，指導中である」と誠意をもって対応しましょう。

(広山隆行)

2 危機的状況にどう対応する?

3 「〇〇菌扱い」への対応

1 「〇〇菌扱い」を許さない教師の姿勢を見せる

　「〇〇菌扱い」とは，名前などに「菌」をつけたあだ名で呼ぶいじめの一種です。多くは呼ぶだけでなく，身体接触を過度に避けたり，被害者の持ち物を汚いもののように扱ったりすることでいじめます。

　そのようないじめが発覚した時点で，すぐに状況を把握します。加害者全員を特定し，次の点を明らかにします。

　「①どんなことを，②いつから，③理由は，④中心になっている子どもは誰か」。その上で加害者の子をひとりずつ別室に呼び，徹底的に事実確認をします。被害者からも事実確認をします。うそや勘違いでつじつまが合わないときは，再度聞き取りをやり直します。

　事実をきちんとすべて聞き取るためには，事実確認の際に高圧的な態度は極力避けます。その上で，「いじめは決して許されない。先生たちは絶対に今回のことは許さない」ということを加害者の子に告げます。

　加害者の子は，「いじめられる方も悪い」とどこかで思っています。自分の非を認めたくないし，罪を軽く感じたいからです。

　そこで，次のように言って責任を問います。

　「相手が何か『変』だったら，傷つけてもいいのか？　ムカついたらいじめてもいいのか？　理由があれば人を傷つけてもいいのか？　〇〇菌扱いは，心に対するリンチである。どんな理由があってもいじめは正当化できない。いじめた方が100％悪い。言いたいことがあれば，いじめではなく言葉で解決しなさい。そのためなら君の力になる」

また，被害者の子には次のように言います。
　「君は100％悪くない。二度と悲しい思いをしないように，先生たち全員で君を守る。万が一同じようなことがあれば，すぐに先生かおうちの人に言ってほしい。先生たち全員で，断固としていじめと闘うつもりだ」
　加害者・被害者の保護者には，指導した概略をその日のうちに伝えます。

抑止力は学級の仲間

　翌日以降は学級指導。学級をまたぐ場合は学年指導も考えます。「先生たちは断固としていじめと闘う」という厳しい姿勢を示し，学年で指導を徹底する上では学年集会での指導が有効です。生徒指導主任や校長が話をするのもいいでしょう。

　その際，被害者の個人名を出すには保護者の了解が必要です。ただし，了解が得られなくても，いじめの具体的な行為が示されれば，名前を伏せていても説得力のある話ができます。

　指導の場では，子どもたち一人一人に，「○○菌扱いを許せるか？」と問います。子どもたちは，教師を敵に回すより自分たちの仲間を敵に回す方が怖いのです。子どもたち一人一人が「いじめはいけない」と語ることが，今後のいじめの抑止力になります。

　そして，次のように訴えます。「○○菌扱いをされ，避けられたり無視されたりした人の心の傷は治らない。それほど深い悲しみだった。取り返しのつかないことをしてしまった。いじめはどんな理由でも許されない。困ったときにはお互いに支え合う，楽しい学級（学年）をつくるために君たちの力が必要だ。ないと思うが，万が一同じようなことがあれば，やめてほしい。すぐ先生に言ってほしい。みんなで良くなっていこう」と。

（高田保彦）

3 正しい治療は正確な事実確認から！

 被害者の子からの事実確認

 「いつ・どこで・誰が・何を・どのように」を確認する

　ある言動を見て「これはいじめではないか？」と思ったら，被害者の子に別室で早急に事実確認をします。しかし，「いじめられていないか？」と聞いても，すぐにその子がいじめを認めることは少ないでしょう。テレビのニュースで聞いたことがあるいじめは，その多くが壮絶なものです。多少嫌なことをされてはいるけれど，まさか自分がされている仕打ちがあのいじめだとは思わないし，思いたくないでしょう。自分がいじめられていると認めることは自尊心を傷つけることにもなるからです。

　ですから，最初から「いじめ」という言葉を使うのではなく，「嫌だなあと思うことをされていないかな？」という聞き方をします。教師が見かけたり，友だちや保護者から情報を得ていたりすればその確認をし，それ以外に嫌なことがないか確かめます。その際，「①いつ，②どこで，③誰が，④何を，⑤どのように」，さらに覚えている範囲で「⑥周りにいたのは誰か」まで聞き取り，後で確認しておきます。

 様子を見守るときもある

　加害者の子が普段仲の良い子であったり，スクールカーストが上位の子であったりすると，被害者の子が本当のことを話したがらない場合があります。正直に言ったとしても，「その子には言わないで」と

言われることもあります。心配した保護者から「うちの子がいじめられているのでは」と教師に連絡がくることがありますが，そのときも「相手の子に話を聞いたり叱ったりしないでほしい」と言われることがあります。そのような約束は絶対に守らなければなりません。約束を破ると，次から情報すら提供してもらえなくなります。そのような子どもや保護者は，「話を聞いてほしい」だけの場合もあります。共感してほしいのです。程度にもよりますが，そのような場合は「何もせず見守る」「個人名を出さず全体指導をする」などの対応をします。

誤解によるトラブルを解きほぐす

　小学校の場合，被害を受けたとされる子の方から積極的に（？）「〇〇ちゃんに嫌なことを言われる・される」と訴えてくることがあります。教師は「またか」と思いつつも，そのようなことは決して顔に出さず誠実に対応しなければなりません。

　しかし，実はその子の方こそ友だちに嫌なことを強要している場合もあります。そもそも，教師に頻繁に訴えにくるほど自己主張力が高い子が被害者側になることは少なく，あるとすれば同じ自己主張力が高いタイプの子と意見がぶつかってお互い険悪になったり，わがままを相手に強要するあまり相手が敬遠してしまったりというパターンです。その都度，くわしく話を聞き取り，「あなたも相手が嫌だと思うことをしていないか？」といったことを確認します。相手からも話を聞き，誤解があれば本当は何が言いたかったのか，教師が説明します。小学生は，思ったことや言いたいことを正確に相手に説明できなかったり，逆に早とちりも多かったりするので，誤解によるトラブルも多いのです。いじめというよりは人間関係のトラブルです。このようなぶつかり合いは円滑な人間関係づくりを学ぶ上で不可欠であり，繰り返しながら気持ちや感情の伝え方を学んでいきます。　　　（辻川和彦）

3 正しい治療は正確な事実確認から！

2 傍観者の子からの事実確認

 まず,「仲の良い子」から

　被害者の子から話を聞いた後は,傍観者の子から話を聞きます。傍観者といっても,学級の誰がいじめを見ていて誰が知らなかったのかはわかりませんから,全員から話を聞くことになります。

　被害者の子と同じく,事実確認は別室で行い,どの子に対しても,「ここで聞いたことはほかの子には漏らさない」と約束します。

　このとき,どのような順番で話を聞いていくかは重要です。傍観者の中でも順番があるのです。

　まず,被害者の子と仲の良い子や席が近くの子から話を聞きます。いじめを一番近くで見ていた可能性が高く,仲の良い子がいじめられていれば割と素直に話してくれるからです。その子たちには,単刀直入に聞いていきます。同時に,これからも被害者の子の相談に乗ったり,休み時間などに一緒にいてくれたりするように頼みます。

 次に「我関せずの子」

　次に,被害者の子と仲が良いというわけではないが,かといって仲が悪いわけでもない子たちです。どちらかというと,いじめに全く興味がなく我関せずの子たちになります。

　「最近,この学級のことで気になることはない？」といった聞き方から始め,思い当たることがないと言われた場合には「女子の間のこ

とで」「先週の自習の時間のことで」など，限定してたずねていきます。本当に知らない（気づいていない）場合もあるでしょう。我関せずの子に対しては，もしいじめのことを知っていたとしても，傍観していたことを責めることはせず，淡々と情報を収集します。

❸ 最後に「面白がったりはやし立てたりする子」

　最後に，直接いじめ行為には加わっていなくても，それを面白がったりはやし立てたりする子です。限りなく加害者に近い存在であり，場合によっては実際に加害者であることもあります。

　まずは，我関せずの子への聞き取りと同じように，「何か気になることはない？」と広く聞きます。これでピンとくる子もいますが，とぼける子もいます。

　次に「この学級で，嫌なことを言われたりされたりして，つらい思いをしている子がいます。誰かわかりますか」と聞きます。それでもとぼけるようであれば，「〇〇さんのことです」と名前を出します。

　知っていることを話してくれる場合には，被害者の子に事実確認するときと同じく，「①いつ，②どこで，③誰が，④何を，⑤どのように」ということを記録しておきます。

　そして「あなたは，嫌なことをしたことはない？」ということも確認します。目が泳ぐようであれば「知らないふりをしても，後で必ずわかります。もしやっていたのなら，今のうちに正直に話すのですよ」と念押しします。その際，「〇〇さんはとても傷ついて，悲しい思いでいる。でも今なら間に合う。正直に話して，謝ろう」と促します。このあたりは，うそやごまかしを見抜いたり説得したりする教師の洞察力や説得力が重要になります。

（辻川和彦）

3 正しい治療は正確な事実確認から！

3 加害者の子からの事実確認

1 事実確認はその日のうちに

　いじめが発覚したら，学校に子どもがいるうちに急いで事実確認をしなければなりません。事実確認は，原則として子ども一人一人を個別に聞き取りします。「①いつ，②どこで，③誰が，④何を，⑤どのように」などについて，徹底的に聞きます。少しでもわからない点があれば，話を遮って再度問いただします。時系列で事実関係を整理できるかどうか，考えながら進めましょう。

　事実確認は担任だけでなく，学年主任や生徒指導主任らと複数で行います。ひとりでは聞き逃すことがあります。また，子どもが後で「言ってません」「先生にこんなことを言わされた」などと言い出した場合に，対応に困らないためです。特に，担任と加害者の子との人間関係が良好でない場合は，加害者の保護者との間にトラブルが起こる危険性があるので，注意が必要です。

　子どもたち一人一人に個別に聞き取りをしていると，異なる事実が出てくることがあります。誰が最初に言い出したか，誰が最初に手を出したかなど，曖昧な点が出てくることもあります。個別に聞き取ることで，うそや勘違い，聞き間違いなどをただすことができます。

　いじめ発覚後は，自習にしてでも，できるだけ早く聞き取りを始めます（大勢いる場合は特に）。学級が荒れている場合，自習監督を必ずつけなくてはなりません。加害者同士が情報交換したり，口裏を合わせたり，自習中にけんかが起きたりするのを防ぐためです。

2 冷静に，淡々と

　加害者の子から事実確認をする際は，穏やかに冷静に行うのが原則です。「～について聞かせてほしいんだけど，正直に答えてください」「ボールをぶつけたということですか」「〇〇さんは違うと言っていますが，どういうことですか」などと，淡々と聞きます。
　聞き取りの言葉には注意が必要です。「やったでしょ」と決めつけたり怒鳴ったりすると，子どもから聞いた保護者に不信感をもたれます。そうなれば遺恨を残し，問題解決が長引く可能性があります。

3 叱責は受容をベースに

　加害者の子への事実確認では，叱る場面も必要です。うそで罪を軽くしようとしたり，友だちや被害者の子のせいにしようとしたりすることを許してはいけません。「責任を取るとはどういうことなのか」を，しっかりと教える絶好の機会なのです。「逃げ」を許さない態度が，強い指導になることはあります。けれども，その場合でも，怒りをベースにするのではなく，受容をベースとすることが必要です。
　しばしば問題を起こす子どもが対象の場合，「またか……」とストレスがたまるかもしれませんが，それでもなお，寄り添う姿勢で接しなければ，問題解決には向かわないでしょう。二度といじめの問題を起こさないためには，加害者の子に教師の思いが伝わらなければなりません。「あなたさえいなければ……」という思いではなく，「被害者もあなたもみんな大事」という思いを伝えたいものです。事実確認が終わったら，必ずいじめが発覚したその日のうちに，関係する子どもの保護者に連絡をします。明確な事実関係を保護者に知らせることが，早期解決に導きます。

（高田保彦）

9月1日前後の自殺者数

　1972～2013年の42年間で18歳以下の子どもの自殺は18,048人。自殺した日を365日別に表したものが下のグラフです。9月1日が突出して多くて131人、9月2日は94人、8月31日も92人と、この数日の自殺者数が非常に多いことがわかります。4月の新年度の時期やゴールデンウィーク明けなども9月に次いで多いことがわかります。

18歳以下の日別自殺者数

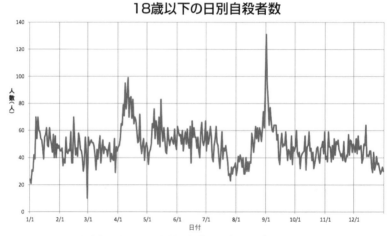

過去約40年間の厚生労働省「人口動態調査」の調査票から内閣府が独自集計
（平成26年度版『自殺対策白書』内閣府）

　これらの自殺者のすべての原因がいじめとは断定できませんが、長期休み明けに集中している自殺者はかなりの割合でいじめが原因だと予想されます。教師がいじめに気づかないまま長期休みに入ったらどうしようもありませんが、いじめに気づいていれば、何が何でも長期休みに入る前にある程度解決させておく必要があります。もしそれができないまま長期休みに入ったのであれば、学校再開前に必ず家庭と連絡を取り、本人の様子を教えてもらったり見守ってもらったりする必要があるでしょう。

第4章 治療編
迅速・丁寧・真摯な対応を

いじめは予防が大事。……とはわかっていても，
やっぱりいじめが起こることがあります。
いじめへの対応は，子どもたちに対してだけではありません。
加害者・被害者それぞれの保護者へも対応が必要です。
ここを誤ると，子ども同士の関係だけでなく，保護者同士や
学校との関係もこじらせてしまいます。
まさに「細心の注意」が必要なのです。
この章では，それぞれの関係を良い方向に向かわせるための
いじめ発覚時の具体的な対応の仕方について述べています。

1 被害者にはこう対応する

子ども編
1 いじめ行為がなくなったから「解決」ではない

1 被害者の子にとっての「いじめ解決」5段階

被害者の子にとってのいじめの解決には，次の5つの段階があります。

> ①いじめ行為がなくなる。
> ②加害者側からの謝罪がある。
> ③被害者の子が（不登校になっていれば），登校できるようになる。
> ④被害者の子が，学校で安心して過ごすことができるようになる。
> ⑤その後も，いじめの再発がない。

最低限，①は不可欠です。②は，ひとつのけじめです。被害者の子はその後の人間関係も考えて，謝罪などをあまり大ごとにしてほしくないと思う場合もあります。早い段階であれば，加害者の子に釘を刺すことで終わる場合もありますが，学校や保護者を巻き込んだ大ごとになった場合には，解決を曖昧なままにしておくことは子どもや保護者にとってモヤモヤ感が残ります。謝罪をすることは，加害者にとっても被害者にとっても，区切りとして必要なのです。

2 いじめ行為がなくなっても……

①と②が成立しても，それで「はい，解決！」ではありません。子どもによっては，いじめに耐えられず登校できなくなっている場

合があります。その場合，加害者側からの謝罪があったとしても，すぐに登校できるとは限りません。被害者の子にとって，いじめが行われていた教室へ行くのは簡単ではないのです。年齢が高くなればなるほど，「いじめをしません」という口約束など信用することはできません。被害者の子にとっては，まだまだ不安があります。「いじめ行為がなくなること」がそのまま「安心」にはつながらないのです。

　欠席を続けていると，登校のきっかけがつかめずにそのまま不登校になってしまうことがあります。教師としては，できるだけ早く登校してほしいのですが，登校を促すのは慎重にし，あせってはいけません。

　欠席している間は仲の良い友だちに電話をしてもらったり，学級通信を届けてもらったりすることで，学校の様子を知らせ，学校とのつながりを切らないようにしておきましょう。

3 登校を再開した「後」のことを考えておく

　③が成立しても，被害者の子は加害者の子が目に入るだけで，そばを通るだけで，「またいじめられるかも」と不安や緊張が生じてしまいます。登校できるようになっても，まだまだ安心するには早いのです。

　被害者の子や保護者にとっては，登校を再開した「後」が心配なのです。ですから，登校再開後にはどのような配慮をするのか，ということを事前に子どもと保護者に伝えなければなりません。「学校全体で被害者の子どもを守る」「安心できる学校生活を送るための配慮をする」。そういう約束をします。「それなら，登校しても大丈夫かな」と安心できないことには，保護者としても子どもを学校へやれないでしょう。ただし，約束したからには，その信頼を裏切らないよう，全力を尽くさなければなりません。

　　　　　　　　　　　　　　　　　　　　　　　　（辻川和彦）

1 被害者にはこう対応する

子ども編

2 スピードが命！ チームで迅速に

長期間にわたっていたいじめのケース

　6年生を担任していたときのことです。いつも表情が暗い女子のAさんのことが気になっていました。男子はAさんが近くを通ると露骨に嫌な顔をしたり避けたりしていました。「いじめの臭い」を感じ，そのような場面を目撃するたびに指導を繰り返していきました。

　ある日，4年生の子から相談を受けました。「6年生男子から押されて転んだので注意をしてほしい」と言うのです。話を聞いていくうちに，押された原因は，6年生男子がAさんを「○○菌扱い」し「菌をうつし合う」鬼ごっこをしていたためだということがわかりました。

　すぐに事実確認をすると，このようないじめはAさんが2年生のときから始まっていました。4年間も「放置」されていたのです。単学級であったために，いじめの構図が固定化されていたのです。

チームで迅速にかかわる

　「火事は最初の5分」という言葉があります。火事が起きたら素早い初期消火が大切です。いじめも同じです。いじめや，いじめと疑われる事態が見つかった際には迅速に初期対応をします。冒頭のケースでは，いじめが起きて4年が経過していましたが，発覚後はすぐに対応をしました。

　まずは「報告と情報の共有」です。以下の2点を行いました。

①担任がひとりで抱え込まずに生徒指導主任や管理職に報告する。
②速やかに「いじめ防止対策委員会」を立ち上げ，そこで今後の対応の方針や役割分担を決定する。

　担任が「自分で何とかしよう」と抱え込んだり「何とかなるだろう」と報告を怠ったりしてしまうと対応が後手に回り「先生は何もしてくれなかった」と被害者の子や保護者の不信を招くことになります。
　いじめ対応の鉄則は「スピードが命」です。報告からチーム立ち上げまでは，すべて「その日のうち」に行いましょう。

被害者の子への対応の仕方

①安心感を与える聞き方で
　「誰からされたどんな行為が嫌だと感じたか」「今，どのような思いでいるのか」などを丁寧に聞くようにしましょう。うなずきながら，またその子の言ったことを復唱しながら聞きましょう。人は復唱されると，安心感を得ることができるのです。その子が安心して話ができるよう，養護の先生などに立ち会ってもらうのもいいでしょう。

②注意や叱咤激励は厳禁！！
　「そこはあなたが良くなかったね」という指摘や注意，「もっとがんばらないといけないよ」などの叱咤激励は厳禁です。被害者の子は耐え続けたのです。もう十分がんばっているのです。

③担任としての決意や今後の方針を伝える
　「二度といじめでつらい思いをさせない。学校の先生みんなで守る」という強い決意や「これからこのようにしようと考えている」といういじめの解決に向けた方針や方法を伝えましょう。丁寧に説明して子どもの不安を取り除き，その方針に同意してもらうようにしましょう。

（西田智行）

1 被害者にはこう対応する

子ども編

3 子どもの「最大の危機」と意識した支援を

1 教師との信頼関係を築く

　被害者の子の心は，いじめによって深く傷ついています。安全であるはずの学校でいじめにあったことは，その子にとって「最大の危機」です。

　「どれほど苦しいことを経験してきたのか」「どんな思いでいるのか」を事実確認で聞き取り，被害者の子の心身の痛みを理解して寄り添って支援します。

　けれども，いじめの内容によっては，被害者の子は誰にも簡単にはその苦しみを話せないという場合があります。「どんないじめを受けたのか，全部は話せない」「先生には本当の気持ちを打ち明けられない」など，その子と教師とのそれまでの信頼関係の深さによって事実確認できる範囲が変わってくるのです。

　そのため，子どもが心を許して話をすることができるような信頼関係を，日頃から構築していくことが必要です。もしいじめ発覚時に被害者の子とそのような関係が築けていなかったとしたら，その日からスタートです。声をかけ，目を配り，見守ります。

　被害者の子に「先生はいつも自分のことを気にかけてくれている」と感じさせることです。そうすれば，教師を信頼して，小さなことでも話してくれるようになるでしょう。それがいじめの再発防止につながります。

2 年齢による支援の違い

　いじめは，年齢によって違いがあります。小学校低学年の場合は，いじめに陰湿さが少ないものです。そのため，被害者の子には，「嫌なことやつらいことがあれば，すぐに先生に話してね」と言い，常にその子の様子を見守るなど「守り」の支援をするのがいいでしょう。また，日頃から子どもたちに，「いじめを見かけた場合には，すぐに先生に知らせてね」とオープンに指導しておきます。

　しかし，中学年，高学年と学年が上がるにつれて，だんだんといじめは隠されるようになってきます。教師がいじめを見つけにくい状況となり，いじめが長期間にわたったり，深刻化したりすることがあります。長期的に深刻ないじめを受けた子には，心理的なダメージが蓄積しています。その支援のためには学級全体，学校全体での対応が必要です。いじめ発覚後は，嫌がらせを受けていないか，グループ決めで仲間外れになっていないかなどを注意して見守り，教室内で安心して過ごせるよう気をつけていきたいものです。

　中学生になると，さらにいじめが見つけにくくなります。また，学校以外の場でのいじめ，LINEいじめや金銭がらみのいじめも多くなることを理解しておきましょう。思春期まっただ中の中学生は，身近な人に対しても自分の思いを素直に伝えられなかったり，さらにひどいいじめに発展することを恐れるあまり，いじめられていることを隠そうとしたりします。「なんだか様子がおかしいな」と思える「眼」を教師がもち，隠された子どものSOSを積極的に感じ取ることが重要になってきます。いじめ発覚後は，その心の成長段階を考慮して，丁寧に寄り添って支援しましょう。

　　　　　　　　　　　　　　　　　　　　　　　　　　（岩瀬正幸）

1 被害者にはこう対応する

保護者編

4 保護者の立場に配慮した対応を

1 被害者の保護者への対応5段階

被害者の保護者への対応は，次の5つの段階があります。

①学校側による謝罪。
②学校で把握した事実（加害者やいじめの様子など）を伝える。
③いじめが行われていた間の家庭での様子を聞く。
④保護者の思いを聞く。
⑤今後の方針を伝える。

いじめが発覚したら，できるだけ早急に被害者の保護者と会って話す必要があります。真っ先にするのは「謝罪」です（状況により順序は変わる場合があります）。とにかく，教室でいじめを起こしてしまった責任は教師と学校にあります。面談時には，間違っても，被害者の子にも落ち度があったというニュアンスで話してはいけません。学校がそう考えていると少しでもにおわせると，その後の信頼関係を築くことができません。まずは被害者の保護者に，「学校（教師）は完全にあなた（と子ども）の味方です」と理解してもらうように努めます。

2 保護者の思いを聞く

自分の子どもが理不尽ないじめにあったことで，保護者は言いたいことが山ほどあります。加害者の子やその保護者への怒り，いじめを

防げなかった学校への憤り，教師への不満……。面談時に大事なことは「保護者の思いを聞く」ことです。教師批判，学校批判もあるかもしれません。それでも，反論せずに聞きます。

保護者は，議論をしたいのではありません。自分の思いを，苦しい胸のうちを聞いてほしいのです。

３ 保護者の立場に配慮して対応を考える

保護者の思いを聞く中で，これから加害者側にどうしてほしいのかも確認しておきます。特に，「加害者側による謝罪」についてです。たとえば，「直接謝罪をしてほしいのか，その気持ちを手紙にしてほしいのか」「謝罪は子どもだけでいいのか，保護者にも謝罪してほしいのか」「加害者が複数の場合，首謀者だけなのか，全員なのか」「加害者が複数の場合，謝罪は一緒に来てほしいのか，時間をずらしてひとりずつ来てほしいのか」などです。

保護者同士も，地域の中で上下関係がある場合があります。ご近所かもしれないし，同じ職場の上司と部下かもしれません。単純に，加害者の子と保護者は謝罪して当然，と言えない場合もあります。

被害者側も加害者側も，その後も同じ地域で顔を合わせながら生活していきます。被害者側だからといって，強気に出られない事情がある場合もあります。そのようなことも含めて，できるだけ被害者側の意向に沿うように配慮します。

最後に，今後の方針を伝えます。「まだ不明な点があれば再度調べて報告すること」「加害者や傍観者の子どもたちにどのように指導するのか」「保護者会を開くのか開かないのか」……といったことなどです。そして，気になることがあれば気軽に学校に連絡してほしいと伝えておきましょう。話し方，表情，ともに誠意を見せて対応します。

(辻川和彦)

1 被害者にはこう対応する

保護者編

5 迅速かつ誠意ある対応を

 迅速かつ慎重に

　いじめへの対応で，つらいことのひとつは被害者の保護者にいじめの事実を伝えることです。

　6年生の女子が「○○菌」というあだ名で呼ばれるいじめにあったときのことです。この事実を彼女の母親に伝える際には本当に胸が痛みました。12年間手塩にかけ，大事に育ててきた娘なのです。我が子が「○○菌扱い」されるいじめの被害にあったことを耳にするのはつらく，悲しく，悔しいことなのです。その母親も涙を流されていました。このようなつらい思いを理解し，誠意ある対応をすることこそが保護者対応の大原則です。

　いじめにおいて問題がこじれてしまう原因のひとつが保護者対応の失敗です。保護者への対応を一歩間違えて不信を招いてしまうと，問題が長期化・複雑化してしまいます。

　迅速に対応することが第一ですが，その対応に関しては担任だけの判断で動くことなくチームで相談しながら慎重に行うようにしましょう。

 保護者に安心感を与える伝え方

　保護者にいじめの事実を伝えたりその後の対応をしたりするのは，連絡帳や電話ではなく「直接会う」ようにしましょう。

　家庭訪問が基本ですが，場合によっては話の内容を子どもに聞かれ

たくないということもあります。そのような場合にはその旨を丁寧にお伝えして保護者に来校していただきましょう。いずれにしても管理職の立ち会いのもと複数で話をすることが望ましいです。

　まずは謝罪です。いじめは学校の管理下で起こった問題です。そのことについてしっかりと謝罪しましょう。

　続いていじめの事実を報告します。関係する子どもから聞き取った内容をもとに，客観的な事実を正確に伝えるようにします。報告を受けた後，多くの場合は家庭でいじめについて話をするでしょう。その際に「学校の説明と子どもの言い分が違う」ということにならないようにするためです。

　その上で今後の対応について伝えます。保護者としては我が子がいじめられたことに対して学校がどのように認識し，どのように対応しようとしているかが気になります。「校長にも報告し，『いじめ対策会議』を開いています」など，いじめについて学校が深刻に受け止め，対応しているということを伝えましょう。さらに，「昼休みや給食準備，掃除の時間などの見守りを強化する」など具体的な対策を伝えると保護者に安心感を与えることができます。

3　9割聞いて1割話す

　ここまで学校から「伝えること」を書きましたが，被害者の保護者に対する基本姿勢は，しっかりと話を「聞くこと」です。「9割聞いて1割話す」くらいの心づもりが大切です。「思いを聞いてもらえなかった」「受け止めてもらえなかった」という感情を残さないためには「9割」聞くことが大切なのです。教師から伝えることは「1割」なのです。

　その後も学校での状況をこまめにお伝えするとともに，家庭での子どもの様子を聞くようにしましょう。

（西田智行）

1 被害者にはこう対応する

保護者編

6 「子どもを守る決意」で保護者の信頼を

子どもを守る決意を伝える

いじめ発覚後の保護者との面談時には,「お子さんを守ります。命をかけて守っていきます」という教師の気概を伝えます。実際にこのような状況になったときは,保護者対応を間違えると休職に追いやられることさえあります。教師は,それほどの危機だと認識しておく必要があります。

面談時の教師の真摯な態度が保護者の気持ちを落ち着かせ,ともに子どもを支援していくための素地を生み出します。大切なことは,いじめの事実をきちんと認めて,その対処に全力であたることを真剣に伝えることです。

子どもの真なる姿を保護者が知るために

被害者の子は,「親に心配をかけたくない」「いじめのことは知られたくない」と考えがちです。そのため,いじめの事実をすべて保護者に話すとは限らないという認識を,教師はもっておかなければなりません。子どもと教師,子どもと保護者で話が食い違わないように,関係する子どもたちへの事実確認から聞き取ったことは,時系列できちんと記録しておくことが必要です。それがいじめの原因究明と今後の指導に役立つことになります。

被害者の子が小学校低学年の場合は,いじめについて保護者に話

すときに言葉で上手に伝えられないことがあります。実際にいじめにあった場所で確認するなど工夫して，事実関係や時系列をしっかりつかんだ上で保護者との面談に臨みましょう。

　また被害者の子が中・高学年や中学生の場合には，「親には素直に話せない」「みじめな思いをしたくない」など，その子の発達段階による複雑な気持ちがあります。教師はその気持ちに共感し，寄り添いながら，子どもが安心して保護者に語れるような支援や場づくりをしていきます。

　被害者の子は，「またいじめられたらどうしよう」という不安を抱えています。教師は，子どもがその不安を保護者に話し，「ひとりで抱えなくていい」と感じられるよう，支援をしていきます。

　子どもは，保護者と教師がしっかり自分を見てくれているという実感によって，生きる勇気をもつことができます。そのためには，教師と保護者が信頼し合って，心配なことなどをなんでも話せるようにしていくことが重要です。面談時に保護者から厳しい言葉を言われたとしても，学校が責任をもって事実を受け入れる姿勢をもちましょう。学校側が認めるべきことは，責任をもって受け入れなければなりません。

保護者がいじめに無関心な場合もある

　家庭状況によっては，被害者の保護者がいじめに無関心という場合もあります。そんなときでも，必ず保護者に会い，どのようなことが起きているかを伝えます。被害者の子がどのような状況に陥っているのか，その危機を保護者に知らせ，早急な支援の必要性を感じてもらうようにします。子どもへの愛情が不足している保護者にも，「いじめによって，最悪の場合は命を落とすことさえある」ということを理解してもらわなければならないのです。

（岩瀬正幸）

2 加害者にはこう対応する

1 子ども編 「遺恨」を残さない

1 加害者の子にとっての「いじめ解決」5段階

　いじめの治療という意味では,「加害者の子への対応」が一番重要です。加害者の子にとってのいじめの解決には,次の5つの段階があります。

①教師(学校)が本気だということを認識させる。
②いじめ行為をしていたことを認めさせる。
③反省するしないにかかわらず,いじめ行為をやめさせる。
④本気で反省させる。
⑤いじめを再発させない。

　少なくとも③を達成しないと解決とは言えません。被害者側から見ると,反省しているかどうかよりも,いじめ行為が今すぐなくなることが最優先なのです。

2 「遺恨」を残さない

　被害者の子の自宅へ,加害者とその保護者と一緒に謝罪に行った日の翌日,加害者の子たちを別室に集めます。そして,「みんな,いじめのことを正直に話してくれたね。いじめは悪いことだけど,そこは偉かったよ」と言って,自分のいじめを正直に話したことをほめます。
　さらに,前日に謝罪へ行ったことに対して,感謝の言葉を述べます。「昨日の夜,○○(被害者の名前)さんのお父さんやお母さんと話し

ました。みんなが謝りに行ってくれたことで，〇〇さんも，だいぶ落ち着いたそうです。お母さんが，みんなが素直に謝ってくれてうれしかったと話してましたよ。ありがとう」

「加害者の子をほめたり，礼を言ったりするなんてとんでもない！」と思うかもしれません。もちろん，いじめが発覚した時点で，加害者の子には厳しく叱って指導しています。その上で，正直に話したり謝罪に行ったりして良かったんだ，と「納得」させるのです。

大事なことは，加害者の子に「遺恨」を残さないことです。「あいつのせいで叱られた」とか，「たったあれだけで謝りに行かされた」という意識が残っていれば，いじめが再発します。そのような遺恨を残さないためにも，加害者の子の自己肯定感のためにも，正直さや謝罪に行ったことを認めてあげなければなりません。

いじめ行為を正直に言ったり謝罪に行ったりすることは「当たり前」かもしれませんが，子どもたちが納得するかどうかは別なのです。

3 体罰はダメ！

加害者の子に対して厳しい態度で叱ることは必要です。しかし，ときどき，指導の一環と称して教師が子どもに体罰をしたという報道があります。

かつては，熱心な教師が殴ると，不良少年が泣いて反省するという学園ドラマもありました。しかし，教師が子どもを殴ったら，そのときは言うことを聞いても，教師への反感はずっと残ります。教育的な効果はありません。また，人権教育を行う立場の教師が体罰をするのでは本末転倒です。

加害者の子への対応として，絶対に体罰をしてはいけません。いじめから体罰の方へ問題が移ってしまい，解決につながりません。

(辻川和彦)

2 加害者にはこう対応する

子ども編
2 子どもの心に響く叱り方

1 チームでの対応を強く印象づける

　いじめは許されない行為です。確認した事実に基づいて，毅然とした姿勢で指導にあたらなければなりません。

　まず，いじめにかかわった加害者の子どもたちを個別に別室に呼び出します。

　その部屋の空気が，一瞬にして変化することがあります。それは，担任以外のほかの教師が，指導に加わるために入室するときです。その瞬間に，子どもたちは緊張感に包まれるのです。

　事実確認の段階から複数の教師で対応しているでしょうが，指導に複数の教師が立ち会うことは，加害者の子に「これは学校全体の問題になっているのだ」「悪ふざけを注意されているのとはわけが違い，大問題なのだ」ということを自覚させることにつながります。

　私は指導の際に，校長や教頭に前もって「このタイミングで入室してください。なるべく怖い顔で」とお願いをしています。このようにチームでの対応を「演出」することも，場合によっては効果的です。

　いじめの加害者の多くは他者への共感力が低いと考えられます。人の心の痛みに思いをはせることができないのです。そのような子には，まずは強い指導をして，自分がどんなに大変なことをしたのかを自覚させます。その上で被害者の子やその保護者がどんなにつらく悲しい思いをしているのかを語ることが効果的でしょう。

自分のしたことに向き合わせる

　加害者の子には「あなたがいじめた子，そしてその子のおうちの人はどんな思いをしていると思う？　あなたはおうちの人に会って何と言うの？」と自分のした行為にしっかりと向き合わせ，厳しく叱ります。

　いじめの事実を認めようとしない子どももいます。そのような子には，事実確認から得た客観的事実や，被害者の子の思いを伝え，「こんなことを繰り返すと，あなた自身はこれからどうなると思う？」など，「あなたが心配だ」というスタンスでかかわることも有効です。

　担任としてはその子のこれまでのさまざまな面でのがんばりや，その子の良さも知っています。厳しい指導は「これからに期待している」からこそ行うのです。「もう繰り返さないと信じているよ」という思いも伝えましょう。私は「かつ丼を食べさせる」と呼んでいます。厳しく緊張感のある指導の中での励ましや温かい言葉に多くの子どもは涙をこぼしてうなずきます。

 ## 一方的な叱責，説諭で終わらない

　加害者の子への指導の最終目標は，その子が心からの謝罪の気持ちをもてるようにすること，改心できるチャンスを与えられたことに感謝の気持ちをもてるようにすることです。そのためには，一方的な叱責，説諭で終わらないことが大切です。

　何が問題だったのかということを十分に考えさせて，それを自分の言葉で表現させるようにします。たとえば，文章に書かせるなどアウトプットさせます。そうすれば，教師が指導したことが加害者の子に「どう伝わったのか」や，「心に響いたのか」を確認できるのです。

　　　　　　　　　　　　　　　　　　　　　　　　（西田智行）

2 加害者にはこう対応する

子ども編
3 加害者の子を深く理解する教師に

 加害者の子の「苦しさ」を理解する

　たとえいじめの加害者であっても，保護者にとっても学校にとってもその子は「宝もの」です。なによりも「やったことを憎んで，人は憎まない」ということを念頭において対処しましょう。

　いじめの再発防止のためにも，教師は，加害者の子のこれまでの成長過程など，いじめを起こしてしまった心の背景を考えなければなりません。加害者の子はその成長過程で，何らかの「苦しさ」を経験している可能性が大きいからです。その苦しい経験は本人も自覚していないかもしれませんし，ほかの人たちにもわからないものかもしれません。しかし，その苦しみが他者へのいじめという陰湿な形となって表れたと考えられるのです。ですから，加害者の子を，いじめという悪いことをしたからといって，頭ごなしに叱るようなことはしないでほしいのです。加害者の子にも苦しさがあるという前提で，まずは落ち着いて話すことが必要です。

 加害者の子を責めることは解決にならない

　加害者の子を責めることで，その心を追い詰めることはいじめの解決にはなりません。大切なのは，その心を理解することです。

　いじめは一度発見され，指導されても，その次にはもっと見えにくくなって再発することがあります。周りから叱責されることにより，

加害者の子が被害者の子に逆恨みすることがあるからです。

　加害者の子が本気で反省し，心から立ち直るためには，加害者の子が心から「理解」され，その存在を受容される「居場所」ができることが必要です。教師をはじめとする周りの人々の理解と信頼で，その子の居場所をつくり，加害者の子を心から変える指導をしなければなりません。

3 加害者の子との信頼関係を築く

　加害者の子への指導では，素早い対応が必要な部分とじっくり取り組まなければならない部分があります。解決を急ぎたい気持ちはわかりますが，大きな声を出したり冷たい厳しさで接したりしても加害者の子の心には届きません。「先生は自分を理解してくれない」「本当の気持ちなんて誰にもわかってもらえない」という思いがあるのに厳しく指導されても，教師への反発心が強まるだけです。

　加害者の子が自分の行為が本当に卑劣だったと理解するためには，その子自身が理解され，受容されたという実感が必要です。そのためにも教師は，単純な断罪ではなく，加害者の子の立場になって指導する必要があります。その子の気持ちに寄り添いながら時間をかけてじっくり対応することで，加害者の子は「この先生なら自分を理解してくれる」「頭ごなしに決めつけるのではなく，自分の話を聞いてくれる」と教師を信頼し，深い心情を表せるようになるのです。

　このようにじっくり対応することは，教師にとって簡単なことではありません。大変難しく，厳しい指導なのですが，加害者の子どもにとっては，その過程で得た人への信頼感や安心感が救いとなり，立ち直りのきっかけともなります。被害者の子だけでなく，加害者の子のことも深く理解できる指導者となることが，いじめの再発防止につながります。

（岩瀬　正幸）

2 加害者にはこう対応する

保護者編 4 「中和の技術」に負けない対応を

1 加害者の保護者への対応5段階

加害者の保護者への対応にはおおむね次の5つの段階があります。

①いじめの加害行為があったことを伝える。
②学校としていじめを発生させたことを謝罪する。
③(必要に応じて) 家庭での様子を聞く。
④被害者側に謝罪してもらうよう促す。
⑤今後の方針を伝える。

加害者の保護者への対応では，いじめについて加害者の子が自分の行為を正当化して保護者に伝えたり，保護者自身が我が子の行為を正当化してしまったりする場合は，格段に対応が難しくなります。

自らの逸脱行為を正当化する方法を，マッツァ(David Matza)とサイクス(Gresham M. Sykes)は「中和の技術」と呼び，次の5つがあります (いじめに当てはめた例を筆者が(　) 内に示しています)。

❶責任の否定 (始めたのは自分じゃない・みんなやっている)
❷傷害の否定 (ふざけていただけ・遊んでいただけ・借りただけ)
❸被害者の否定 (相手が先にした・相手にも落ち度がある)
❹非難する者への非難 (教師に指導力がないからだ)
❺より高い忠誠心の誇示 (学級のノリでやった・自分だけしないわけにはいかない)

❶〜❺の用語は『よくわかる犯罪社会学入門』（矢島正見・丸秀康・山本功 編著　学陽書房）から引用しています。

特に加害者の保護者の場合，❸や❹のように，被害者側や教師への批判になりがちです。そうなると「なぜ謝罪しなければならないんだ」と不満をもたれかねません。教師は，これらに対して保護者が納得できるような返答を考えておかねばなりません。

また，加害者が複数の場合に注意しなければならないのは，加害者の保護者同士がご近所だったり，子どもたちが同じ部活だったりで仲が良く，加害者側が「団結」することです。団結した保護者は気が大きくなり，謝罪に行ったのに，逆に被害者側に不満をぶつけてしまう場合もあります。そうならないようにするには，謝罪の前に加害者の保護者に十分納得してもらうことが重要です。ひと組ずつ時間をずらして行くなど工夫すると，被害者側も落ち着いて話を聞くことができるでしょう。

謝罪をしたがらない保護者には

加害者の保護者から「被害者の子や保護者に謝りに行った方がいいでしょうか？」と相談されることもありますが，なかなか言い出されなかったり，加害者にされることに納得できていなかったりする場合があります。しかし，被害者側は，多くの場合謝罪を要求されます。

そのような場合は，教師がそれとなく加害者側に謝罪を促します。たとえば，「これまでの経緯はいろいろあるけれど，いじめ行為をしたことは事実であり，相手の子がとても傷ついている。子どもたちがいじめの件に区切りをつけるためにも，仲直りのきっかけがあった方が良いのでは」などと促します。ケースによって違う言い方になるでしょうが，謝罪をすることで，事態が良い方向へ向かうことを理解してもらいましょう。

（辻川和彦）

2 加害者にはこう対応する

保護者編
5 二度といじめを繰り返させないように

何のために保護者に伝えるのか

　加害者の保護者にいじめの事実を伝える目的は，被害者の子やその保護者の思いに共感してもらい，加害者の子が二度といじめを繰り返さないように協力してもらうことです。加害者の子を非難するためではありません。ましてや保護者の家庭でのしつけや日常のコミュニケーション不足を指摘したり批判したりすることでもありません。

　加害者の保護者の協力を得るためには，いじめの事実を伝える際の「伝え方」，そして「何を伝えるか」ということに配慮しなければなりません。

　伝え方としては，家庭訪問，または保護者に来校していただいて，直接対面して話すようにします。連絡帳や電話では伝えたい内容が十分に伝わりません。言葉ひとつで誤解を招くこともあります。直接顔を見ながら話すことによって被害者の子やその保護者の苦悩，教師自身の思いを，表情でしっかりと伝えることができます。また，加害者の保護者の「言葉にならない思い」もしっかりと受け止めることができます。

　対面して伝えることが基本なのです。なお，その際は管理職に同席してもらうなどして複数の教師で対応するのがいいでしょう。

「学校も家庭と協力していきます」と伝える

　我が子がいじめに加わったという事実を知った保護者は少なからず

ショックを受けます。「寝耳に水」といった様子で「何かの間違いではないか」と思いながら教師の話に耳を傾けることになります。

　伝える内容としては，まず「どのような事実があったか」ということを，事実確認の記録に基づいて丁寧に説明していくようにしましょう。

　また，加害者の子への今後の指導や支援について伝えます。その際，「学校も家庭と協力していきます」という姿勢を強調するようにしましょう。被害者の子と保護者への謝罪についても相談するのですが，謝罪にあたっては教師も立ち会う旨を伝えます。加害者の保護者は，教師が謝罪に立ち会うことを心強く，そしてありがたいと感じるのです。

納得してくれない保護者には

　いっぽうで，学校の対応に対して不満をあらわにされる保護者もいます。「なぜうちの子だけが責められるのか。ほかにもいじめていた子がいるのではないか」と言うのです。このような保護者に対して「自分の子どものことを棚に上げて……」という感情も湧きますが，加害者の子が複数いる場合には，不公平感をもたれないように配慮をし，このような訴えにも説明できるようにしておきましょう。

　また「いじめられる側にも問題があるのでは？」という責任転嫁とも言える発言をされる保護者もいます。いじめに対する認識が不足しているのです。そのような保護者には，被害者の子や保護者の思いを伝えるとともに，いじめの定義を丁寧に説明して理解してもらいましょう。

　子どもにいじめを繰り返させないためには家庭の協力が欠かせません。粘り強く保護者に協力を求めていきましょう。　　　　（西田智行）

2 加害者にはこう対応する

保護者編
6 加害者の保護者の支援を

 1 加害者の保護者を支える

　加害者の保護者との面談では，教師は，加害者の保護者がいじめの事実をしっかり受け止めて，これからの対応を前向きに考えることができるよう支援することが肝要です。

　加害者の保護者に対しては，感情的にならないよう伝え，いじめをしてしまった子ども本人も苦しんでいるのだから，保護者として，まずはその子を理解する姿勢が必要だと伝えましょう。

　また，加害者の保護者の気持ちのありようが，加害者の子の反省や立ち直りにも影響してくることを伝え，今後の指導への協力をお願いしましょう。

 2 子どもの心に訴えかけてもらう

　いじめが発覚すれば，加害者の子とその保護者は必ず家庭で話し合いをするでしょう。その際，保護者が「心からの被害者の子への謝罪の気持ち」をもっていれば，いじめ行為をしてしまった子どもにもそれは伝わります。

　また同時に，いじめをしてしまった我が子に対し，「あなたがやったことは悪いことだ」と言い切りつつも，頭ごなしに叱るのではなく，愛情をもってその子を共感的に受け止めてくれれば，子どもも本気で反省するでしょう。

保護者の悲しみに触れることは，子どもにとって大きなことです。我が子がいじめ行為をしたことによる「親としての苦しみや悲しみ」が伝わるよう，「本気」で子どもに語ってもらうようにしたいものです。愛情溢れる語りが必要です。そのように子どもに寄り添うことによって，子どもの心に訴えかけるのです。
　「いじめという悪いことをして，怒鳴られたり責められたりすると思っていたのに違っていた」「自分のことを大切にして，真剣に話しかけてくれた」「自分のしたことでこんなに悲しませてしまった」……。子どもにそのような思いをもたせ，心からの反省の気持ちを引き出すのです。

これまでの成長過程を振り返ってもらう

　加害者の子への対応の際には，その子がいじめ行為をしてしまった背景を振り返って考えさせることをします。同じように，加害者の保護者にも，これまでの子どもの成長過程を振り返って，そこに「苦しみ」や「悲しみ」がなかったかと問いかけていきます（この問いかけは，保護者の子どもの育て方への批判や指摘ではありません。保護者にそう受け取られないよう，問いかけ方には細心の注意が必要です）。
　そう問いかけることで，保護者はあらためて我が子のこれまでを振り返ります。生まれたときのことを思い出し，うれしいことや苦しいこと，どんなときでも子どもに寄り添ってきたこと，我が子がかけがえのない大事な存在であることをあらためて実感するでしょう。そして，そのように実感した保護者の変化は，必ず子どもにも伝わり，「自分は愛されている」という実感と安心が得られます。
　いじめをなくすには，何より「子どもへの愛情」が大切なのです。保護者や教師，周りの人々からの愛情が，いじめを生まない，再発させない心の土台となるのです。

(岩瀬正幸)

3 傍観者にはこう対応する

1 「たとえ話」で被害者に共感させる

1 傍観者の子への対応5段階

　いじめが発覚したら，(場合によっては関係者だけに留める場合もありますが) 基本的には学級全体の問題として考えるために，子どもたち全員に伝えなければなりません。一般的には，次の5つの段階があります。

①この学級でいじめがあったことを知らせる。
②そのいじめについてどう思うか問う。
③被害者の子とその保護者の気持ちに共感させる。
④教師の思いを伝える。
⑤口頭やSNSで周りに広めないように指導する。

　ポイントは③で，被害者の気持ちに共感させることで被害者の子を温かく受け入れる学級にすることです。傍観者の子たちは「あれくらいで大げさな」「自分は関係ない」などと思っていることもあります。「伝統型」いじめの被害者の子はスクールカーストの下位にいることが多いので，その子に共感しにくいことが多いのです。

2 「たとえ話」でわかりやすく伝える

　被害者の子の気持ちを理解しやすくさせるためには，「たとえ話」が有効です。たとえば，被害者の子が今，「崖っぷち」を歩いているとします。普通の道を歩いていれば少々押されても大丈夫ですが，崖っぷ

ちでは軽く押されただけで崖から落ちてしまいます。被害者の子は今，そういう状態だと話します。

　被害者の子の心を「コップの水」にたとえた話もあります。友だちから悪口や嫌がらせを受けると，心のコップに不快な水が1滴1滴たまっていきます。周りからはどのくらいたまっているのか見えません。ぎりぎりまでたまってしまうと，たいしたことがないと思って言ったちょっとした悪口が最後の1滴となってコップに入り，コップから水が流れ出してしまう。それが，その子の心が耐えられなくなった瞬間であるというたとえ話です。

　こう考えると，崖っぷちの話もコップの水の話も，最後に言った子が「1回しか言ってない」だろうが，「たったそのくらい」と考えていようが，言われた側にとってはもう我慢の限界だったということがよく理解できます。ちなみに，崖っぷちの話は先輩から聞いた話，コップの水の話は本で紹介されている話です（吉田順『いじめ指導24の鉄則　うまくいかない指導には「わけ」がある』学事出版，p.161〜165）。やはり現場教師は，被害者の気持ちをわかりやすくたとえる術を心得ておく必要があります。

3 二次被害を防ぐ

　いじめによる自殺に限らず，加害者の名前や顔写真，ときには保護者の名前や勤務先などの個人情報までが，SNSで拡散されることがあります。中には間違った情報が流れ，全く無関係の人々が被害を受けることさえあります。学級でいじめが起こった場合，加害者・被害者の個人情報は口頭でもSNSでも絶対に広めないように子どもたち全員に指導します。このことは保護者にも念を押しておきます。なお，SNSについてどの程度まで指導するかは学校全体で共通理解しておき，小学校では学年に応じて指導します。

（辻川和彦）

3 傍観者にはこう対応する

2 アンケートの診断を指導に活かす

1 いじめをどうとらえていたのか？

　いじめについては定期的にアンケートを実施している学校も多いと思いますが，いじめが発覚した場合はあらためて下のようなアンケートを学級全員に実施します。子どもたちには「秘密は絶対に守る」ということを約束した上で，記名式で正直に書かせるようにします。

> ①最近学級の友だちが嫌な思いをしているところを見たことがありますか。（はい／いいえ）
> ②「はい」に○をした人はそのときのことについてくわしく教えてください。（「いつごろ」「誰が」「どのように」）

　場合によっては「学級の友だちがいじめられているのを見たことがありますか」とたずねた方がいい場合もあります。ただし「○○さんが」と個人名を特定するたずね方はしない方がいいでしょう。
　このアンケートの目的は2つあります。
　1つめは，いじめの事実についての情報収集です。2つめは，いじめを子どもがどのようにとらえていたかの実態把握です。それによってその後の指導方針が変わります。
　実施後は，アンケートをもとに一人一人と面談を行い，文章に表れていない思いも聞き取りましょう。

「はい」が多かった学級での指導

　アンケートの項目①で「はい」にしていた子が多い学級には，いじめを知りながら何も行動ができなかった子どもがいます。そして積極的にいじめに加わらなかったものの，笑いながら好奇の目でいじめの様子を見ていた子ども，からかうなどしていじめに同調していた子どももいるのです。このような学級では，次のような指導を行います。
① 「見て見ぬふりや周りで同調する行為もいじめに加担していることと同じである」と認識させる
② 「いじめを見かけたときの行動」を考えさせる
　教師や大人に伝える，本人にそっと声をかけるなど，自分にもできることがあることに気づかせ，学級のいじめの問題を自分事としてとらえさせるようにすることが大切です。

「いいえ」が多かった学級での指導

　アンケートの項目①で「いいえ」にしていた子が多い学級には，いじめを許してしまう風潮があります。たとえば，面談の中でくわしく聞くと「確かに○○さんは『やめて』と言っていたけど，言いながら笑っていました。だからいじめではないと思いました」というような答えが返ってきます。このような学級では，次のような指導を行います。
① 「本人が嫌がる行為はいじめである」ことを実感させる
　ロールプレイなどを通して，いじめられる立場を追体験させ，どのように感じたかということを話し合わせます。
② 「いじめは絶対に許されない」ということを再度認識させる
　過去のいじめの報道や命を絶ってしまった子どもの遺書から，いじめがどれだけ卑劣な行為なのかをあらためて考えさせます。(西田智行)

3 傍観者にはこう対応する

いじめを止める勇気をもてる学級づくりを

傍観者が動くことでいじめを阻止できる

　傍観者がいじめを止める勇気をもたなければ，いじめは続くことになります。以前，いじめが起ころうとしているときに，すぐに担任である私にそのことを教えてくれた子どもがいました。それは，「誰でもいいからいじめのターゲットにしよう」というものでしたが，ひとりの勇気ある子どもによって阻止することができ，実行されることはありませんでした。前年度からいじめが存在していた学年で，指導により「いじめはいけないこと」「傍観者にはならない」という考えをもつ子どもが徐々に育っていたこともあり，いじめを察知した子が教えてくれたのです。

　子どもたちには，日頃から「いじめを発見したら，すぐに先生に知らせてください」と話しましょう。いじめに対し，目で見て，耳で聞いて，心で感じる「発見力」を育てることが大切です。その積み重ねで，学級の中にいじめをなくしていこうとする風土がつくられます。その風土がつくられていない学級は，容易にいじめの温床となっていくのです。

いじめの起こらない学級は自分たちでつくる

　いじめは，みんな嫌いです。自分はいじめられたくないし，友だちもそんな目にあわせたくありません。だから「いじめが起こったとき

には，みんなで乗り越え，行動する勇気をもつ」ことを学級で確認します。

　また，教師は，「子どもたちが信じ合い，話し合える学級をつくりたい」と宣言します。「子どもの力」と「子どもの心」を信じ，居心地の良い安心できる学級を目指すことを学級全体に伝えるのです。子どもたちは，そんな教師の思いに必ず応えてくれます。

　いじめが起こったら，教師は，被害者の子を守りきる「決意」と加害者の子の心の理解をする「愛情」を見せます。落ち着いていて，頭ごなしの指導をしない教師の姿勢や思いは，子どもたちの心に届きます。子どもたちは，そんな教師を信頼し，傍観者にならず，力を合わせて学級と学校を良くしようと考えるのです。

　子どもと教師がともに力を合わせて，見て見ぬふりをしない，勇気のもてる学級づくりを心がけていきたいものです。

子どもが共同する学級づくりを

　勇気のもてる学級づくりのために，学級に温かい風土をつくるような授業と活動を進めていきましょう。たとえば下のような取り組みです。

・学級の「きまり」は子どもとともにつくり，押しつけない。
・1時間の授業を大切にして楽しく取り組めるように進めていく。
・学級活動は子どもが求めるものを重視し，力を合わせて行う。
・言葉について話し合い，言われて嫌な言葉を廃止する。

　このような取り組みを通して，子どもが友だちと共同する力を育てることが，いじめを乗り越える学級づくりにつながっていきます。

(岩瀬正幸)

4 保護者会での対応

1 保護者会の役割とは

1 保護者会の役割5段階

　保護者会には，さまざまな形があります。いじめがあった学級の保護者を対象にした会，加害者の保護者のみを対象とした会，特別に集めるのではなく授業参観後の懇談会を兼ねた会などです。もし，被害者が自殺……という大ごとになれば，該当する学級のみならず，全校の保護者を対象とした保護者会を開かねばならないでしょう。

　ここでは，一般的な，学級の保護者のみを対象とした保護者会を想定しています。

　保護者会では何をするのか。一般的には次のような5つの役割があります。

---
①いじめの概要を伝える。
②学級内でいじめを起こしてしまったことを謝罪する。
③今後の学級経営についての方針を話す。
④参加者との質疑応答。
⑤参加者から学校への不満をぶつけてもらう。

　保護者会を開くのは，ある程度，いじめの解決のめどが立ってからにします。保護者会は加害者を断罪する会ではなく，情報を共有して，今後より良い学級をつくっていくことが目的です。だから「加害者の保護者の素早い対応（謝罪など）のおかげで被害者の保護者も安心できた」「被害者の子も安心して登校できるようになった」など，加害者

側のメンツを立てるようにします。

　被害者・加害者の保護者も含めて全員に参加を呼びかけますが，強制ではありません。被害者の保護者が参加したがらないときには，事前に「何を」「どこまで」話すのか，了承を得ておきます。いじめの内容によっては，公にしてほしくないことも被害者側にはあるからです。また，加害者側にとっても，内容によっては同じく公にできないこともあります。どちらのプライバシーも守らねばなりません。

 すべてを公にする必要はない

　質疑応答では，質問だけでなく，学校への要望なども受け付けます。保護者会は学校への不満をぶつける場としての側面もあります。陰で非難をされるよりは，直接不満を言ってもらって，誤解を解いたり，怒りのガス抜きをしてもらったりする方がまだいいのです。

　ただし，関係者のプライバシーに関することや，言えば誰かが傷ついてしまう情報などもあります。たとえば被害者または加害者の子どもやその家族の病気，家庭の経済状況などです。また，興味本位で，そのいじめには直接関係ないことを問われることもあります。隠すわけではありませんが，言わなくていいことは言う必要はありません。「それはこの件には関係ないので，お答えできません」と答えればいいでしょう。

　いじめの加害者や被害者は，(中にはほかの地域へ引っ越す場合などもありますが) 一般的には，いじめが解決した後も一緒の教室で学校生活を送ります。不用意に情報を公開することでその妨げになったり，どちらかの家族が地域で住みにくくなったりするようなことは話せません。

　教師は，次年度になれば，あるいは転勤すれば，また一からやり直せます。しかし，子どもや保護者はそうはいきません。後々のためにも，言わなくていいことは言う必要はありません。

（辻川和彦）

4 保護者会での対応

多くの保護者を味方にしよう

1 事前の打ち合わせ，準備を確実に

　保護者会の目的は加害者の子やその保護者を責めたり糾弾したりすることではありません。事実を正確に伝え，学校の方針を説明することによって保護者全員に今後の協力を求めることが目的です。いじめを学校，学年，学級全体の問題としてとらえ，我が事としてともに考えていただくことが大切です。

　今はLINEなどによって保護者間に瞬時にしてさまざまな情報が飛び交います。中には事実とは異なる情報がひとり歩きしていることもあり，それによって保護者が必要以上に不安を感じていることもあります。

　保護者が不安に感じている以上，学校には説明責任があります。保護者会では誠意をもって対応し，信頼の回復に努めましょう。

　保護者会を開催する際には事前の準備が大切です。事前に，次のようなことを打ち合わせておきます。

①学校側からの出席者について
　担任，校長，教頭，場合によっては学年主任，生徒指導主任も出席するようにします。

②役割分担について
　たとえば進行役を教頭。あいさつを校長。事実報告と今後の対応の説明を担任。そして学年全体にいじめが広がっている場合などは学年主任が補足説明をするなどの役割を事前に決めておきましょう。

③**参加者について**

　基本的には学級の保護者が対象となりますが，いじめが学年全体に広がっている場合や重大なケースの場合は学年や学校全体の保護者も対象とします。

④**想定される質問について**

　保護者からの質問事項を想定し，それらに対する回答も準備しておきます。たとえば「いじめられる側にも問題があるのではないか」「ほかの学年にも悪口を言っている子がいるらしいが，なぜこの学年の保護者のみ集められたのか」などという質問に対してきっちりと説明することができなければ，学校へのさらなる不信や不安を招くことにつながります。

⑤**保護者の了解について**

　保護者会を行う際に忘れてはならないことは被害者側・加害者側双方の思いを確認することです。「ことを大きくしたくない」という思いから保護者会を開いてほしくないというケースもあります。関係する子どもと保護者の理解のもとに保護者会を開催するようにしましょう。

 ## 見られるのは教師としての在り方

　説明内容や回答の中身も大事ですが，それ以上に重要なのは学校としての姿勢，教師としての在り方です。私は保護者会の席で，被害者の子の思いに共感するあまり涙ながらに熱く語ったことがあります。指導力が足りずいじめにつながったことを謝罪する際にも涙が止まりませんでした。しかし，それが「これから学校に協力していこう」という思いを生んだらしく，たくさんの保護者が味方になってくださり，結果としていじめの解消につながりました。「子どもたちのより良い成長のために」という強い信念をもち，前を向いて乗りきりましょう。

（西田智行）

4 保護者会での対応

3 保護者を巻き込んで再発防止を

1 保護者会では「子どもへの信頼」を伝える

　保護者会では，いじめの事実経過と子どもたちの状況を知らせます。
　いじめの事実経過の説明は，どうしてもそのいじめに関することだけが中心となりがちなのですが，これまで子どもたちに指導してきたことについても話しておくことが重要です。
　日頃「もしもいじめがありそうなときには，先生に話してください」と指導してきたことや，子どもたち自身が「良いこと・悪いことの判断」ができるように継続して指導にあたっていることなど，子どもの心を育てる指導を大切にしていることを話します。
　保護者会で何よりも保護者に知ってもらわなければならないのは，「大変な状況ではあっても，子どもたちへの愛情をもってこの状況を良い方向にもっていく」という教師の決意です。「子どもへの信頼」を語り，今後の方向性を示すことです。
　保護者会を加害者側が糾弾されるような場にはせず，学級を良い方向にもっていくための建設的な対話を引き出す場としましょう。

2 家庭でいじめについて話してもらう

　被害者・加害者の保護者はもちろん，いじめに直接かかわっていなかった子の保護者も，保護者会での話を聞いていろいろと思うところがあるはずです。帰宅後，家庭で子どもといじめについて話をする機

会をもつでしょう。
　それに備えて，保護者会では，家庭で保護者から子どもに話してもらいたいことを伝えておきます。たとえば「今は誰でもいじめの被害にあう可能性がある」，だから「いじめに近いことを言われたりされたりしたらすぐに教えてほしい」ということなどです。
　いじめの対象がすぐに変わり，誰でもいじめにあう可能性がある現在の学校の状況では，いじめについて日頃から家庭で話せるようにしておくことが，いじめへの抑止力になります。

3 学級を公開し，保護者との連携を

　いじめを起こした学級（学校）や教師に対して多数の保護者が不安を強くもっている場合は，「学級での子どもの本当の姿」を実感してもらうために，普段の授業などを保護者に見ていただくことを提案するのもいいでしょう。事実ほど明白な理解はありません。
　私の場合は，PTAの役員の方を中心に，学級の授業参観に参加希望の保護者を募集しました。結局10名ほどの保護者が参加を希望され，2～3名のグループごとに曜日を決めて授業を参観してくださいました。
　授業を見て，ある子どもが問題をもっていると感じた保護者が直接その子の家庭に連絡したこともありました。この方法は，子どもを変えるには即効性がありました。
　このような取り組みの結果，わずか2週間くらいで，学級は良い方向に変わっていきました。
　学校と保護者が連携して行動することは，学級を安定させるために大変効果的です。
　　　　　　　　　　　　　　　　　　　　　　　　（岩瀬正幸）

いじめの構造

いじめ集団の四層構造モデル

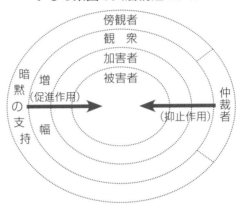

(森田洋司『いじめとは何か 教室の問題, 社会の問題』中公新書, p.132, 図4-2)

　森田洋司氏は，上の「いじめ集団の四層構造モデル」の中で，いじめ集団には被害者・加害者・観衆・傍観者の四層があることを示しています。
　いっぽう，ターゲットが定まると，被害者以外の全員があっという間に加害者側にまわり「1対全員」の構造になるのが現代のいじめの特徴だという考えもあります。(原田正文 監修『友だちをいじめる子どもの心がわかる本』講談社, p.32)。
　しかし，小・中・高校などの校種の違いや，都市部や地方などの地域の違いによってもさまざまないじめのケースがあり，ここでいじめの構造をどちらかに決める必要はないでしょう。
　本書では，被害者・加害者とともに傍観者についても取り上げています。傍観者の中にこそ「次の被害者・加害者」が隠れている可能性があり，「次のいじめを阻止する」という意味で，傍観者への対応が重要なのです。

第5章 フォロー編
まだ終わりじゃない！再発防止に力を注ぐ

いじめが発覚したときに関係者それぞれに対応をしても，
「それで終わり」ではありません。
いじめがひと区切りついても，
子どもも保護者も傷ついています。
下手をすると，子ども同士や保護者と学校の関係が悪くなり，
いじめが再発しかねません。
この章では，長期的な観察など，いじめの再発防止のための
具体的なフォローの仕方を述べています。

1 被害者へのフォロー

 子ども編
不安材料を取り除き，多くの目で見守る

 被害者の子の不安材料を取り除く

　いじめが原因で被害者の子が学校を休んでいた場合，教師はその子が登校してきたときのことを考えておかなければなりません。

　被害者の子は，加害者の子に対して「もしかしたらまたいじめられるかもしれない」と不安な気持ちで登校してきます。

　いくら相手が「もうしません」と言っても，不安なものは不安です。

　大事なことは被害者本人やその保護者の不安材料を少しでも取り除き，安心できるようにすることなのです。

　そこで，被害者の子が安心できるように，次のような手を打ちます。

①**加害者の子とは離し，仲の良い子をそばにつける**

　たとえ和解していたとしても，教室の座席はもちろん，給食当番や掃除当番も，加害者の子とは別々になるようにします。近くの席には仲の良い子を置いて，常に近くに話し相手がいるようにします（学級の子どもたちにも説明し，座席や当番の変更を了承してもらいます）。昼休みにも被害者の子がひとりにならないよう，数人の友だちに一緒にいてくれるよう頼んでおきます。

②**時間割に「楽しい活動」を入れる**

　しばらく欠席していれば，教師としては授業の進度も気になるところです。しかしそれよりも，登校再開後に家に帰ってから「学校が楽しかったな」というイメージをもってもらえることを優先します。

　特に登校初日には，その子が図工を好きなら図工を，体育を好きな

ら体育を，時間割を変更してでも行うようにします。思い切って，しばらくは毎日1時間，遊びの時間にしてもいいでしょう。

「大丈夫」をそのまま信用しない

　登校初日の下校前に被害者の子がひとりのときを見計らって，その日に不安なことはなかったか，誰かに何か言われなかったかをたずねます。ただし，もし何かあったとしても，それを正直に言わないことも考えられます。「大丈夫」「楽しかった」と答えてくれたとしても，教師に気を遣ってのことかもしれません（あるいは信用されていないのかも）。教師は本人の「大丈夫」をそのまま信用するのではなく，さらに多くの目から確認しなければなりません。

①**複数の教職員の目で見守る**
　当然ながら，教師は休み時間や掃除の時間などもできるだけその子から目を離しません。その子が教室にいれば教室で過ごし，運動場や図書室へ行ったときにはさりげなく近くを通ったり，遠くから様子を見守ったりします。
　もちろんひとりでは限界があるので，ほかの教職員にもいじめの件を知らせ，養護の先生，クラブや委員会の先生など，全員の目でそれとなく様子を見てもらったり，報告してもらったりするようにします。

②**頻繁に保護者と連絡を取る**
　登校初日の様子を連絡帳に書いて保護者に知らせるのはもちろんですが，夜，保護者へ電話を入れて本人が学校のことをどう話していたのかを聞きます。保護者への電話は登校を再開して1週間は毎日します。その後も定期的に続けて，学校での様子を伝えたり家庭での様子を確認したりしましょう。学校からの連絡が途絶えると，「学校はうちの子のことを忘れてしまったのかな」と思われます。　　　　（辻川和彦）

1 被害者へのフォロー

2 【子ども編】最悪の状況を想定して手を打つ

寄り添う姿勢を忘れない

　いじめに対して一応の対応を終えたとしましょう。ほっと一息つきたいところですが，これで終わりではありません。いじめは，特定の子に対して，「執拗に繰り返す」「長期にわたって」「みんなで行う」などの特徴があります。被害者の子には，そのことによる心理的苦痛が蓄積しています。それに対し，どんなフォローをしていけばいいのでしょうか。

　いじめの対象となる子どもは，集団の中では弱い立場であることが多いものです。いじめの発覚が遅れたことは，弱い立場の子に対する支援が十分でなかったことと反省し，教師はしっかりとした「眼」をもつよう努力することが大切です。個人ノートなどでかかわりをもつことはもとより，会話をしたときの表情の変化，集団の中で声をかけたときの本人や集団の表情の変化を見ることを大切にし，気になることがあれば，学校全体で情報を共有しましょう。こういった姿勢は，被害者の子に安心感をもたせるだけでなく，「いじめを許さない」という教師の姿勢を示すものにもなります。

心理的苦痛の解消には時間がかかる

　いじめによる被害者の子の心理的苦痛は，謝罪で終結できるとは限りません。そのときは対応できていても，時間をおいてから登校できなくなったり，教室に入れなくなったりするケースも考えられます。

学校全体で情報を共有し，養護の先生やスクールカウンセラーとも連携していきましょう。

　不登校傾向など，学校生活に適応できない状況が見られた場合，解決にはそれなりの時間を要することを覚悟しておきましょう。心理的苦痛の解消は，その苦痛を受けた期間以上の時間を要することを認識しておきたいものです。

3 チームで対応する

　いじめ発覚から指導対応での場面でも指摘されていることと思いますが，適切なフォローのためには，学校全体で情報を共有し，チームで対応することです。いじめの発覚が遅れたことは，担任の見えないところでいじめが進行していたということです。ほかの教職員からの情報を総合すれば，見えてくるものがあったのかもしれません。

　学校という安全・安心が保障されるべき場で，いじめの被害者になってしまったということに対し，被害者側は学校への不信感を感じているものです。その払拭のためには，担任任せにするのではなく，学校全体でアンテナを高くすることが大切です。

　担任に寄せられてくる情報を，学年主任や生徒指導主事，「いじめ対策委員会」（名称は学校によって異なる）に伝えて共有しましょう。そして，その記録をしっかりととっておきましょう。「記憶」ではない「記録」は，説明責任を果たすためのものだけでなく，子どもの変化を見逃さないためのものであることを忘れてはいけません。「元気にしている」も立派な記録です。

　いじめによる自殺が多くなっている現在，「想定外」は許されません。最悪の状況を想定して，打つべき手は打っておくことが大切です。このことが，被害者の子を救い，いじめの再発を防止します。また，それは新たないじめの予防にもつながるものです。

（緒方　茂）

1 被害者へのフォロー

保護者編
3 トラブルは「信頼」のチャンス

1 家庭とのつながりを保つ

　いじめが解決した後は，しばらくは定期的に家庭へ電話を入れ，学校での様子を伝えるようにします。

　保護者の立場からすれば，加害者の子が謝罪をしたとしても，本当にいじめがなくなったのか，学校での様子はどうなのか，心配です。だから，「今日は跳び箱をがんばっていました」「漢字のテストで100点をとりました」「昼休みは友だちと一緒に楽しそうにドッジボールをしていました」など，学校で楽しく過ごしている様子を伝えて安心してもらいます。

　担任以外が授業をするときには，「〇〇さんについて今日の気づきを記入してください」と授業者の先生に紙を渡して，書いてもらうようにします。「もし気づいたことがあれば」ではだめです。書いてもらえません。必ず書いてもらうようにすることで，ほかの教職員もその子のことをよく見るようになります（これは担任ではなく，管理職から伝えるべきでしょう）。担任がいないときの様子まで保護者に伝えることで，学校全体で見守っているということを理解してもらえます。

　保護者には，逆にその子の家庭での様子を教えてもらうようにします。学校で様子を見守るにしても，すべての時間を見ることは不可能です。被害者の子に「今日はどうだった？」と聞くのもいいのですが，周りの目もあるので，その子がひとりでいるときにしか聞けません。また，もしいじめが続いていた場合，正直に言わない可能性もありま

す。だから、家でふさぎ込んでいないか、学校のことをどのように話しているかなどを保護者に聞くのです。家庭とのつながりを保つことで、学校側がいつも気にかけていることが伝わり、それが信頼の回復にもつながります（もちろん、それが目的ではないのですが）。また、子どものちょっとした変化なども早期発見できるメリットもあります。

トラブルはチャンス

　トラブルが起こったときには、連絡帳や電話より、直接会って話をした方がいいでしょう。表情が見えることで気持ちが伝わり、誤解も招きにくいのです。ただし、保護者が興奮している場合は、落ち着かれるまでは管理職や学年主任に対応してもらった方がいいでしょう。
　以前、下校中に男子にランドセルを蹴られたと、担任していた女子の父親が怒って電話をかけてきたことがありました。大変興奮されていたのですが、若かった私は「直接会いましょう」と言ってしまいました。しかし直接会って丁寧に事情を話すと、文句ひとつ言わずに帰っていかれました。その後、この父親には「海で採ってきたよ」とメカブをいただくなど（海のお仕事をされていたのです）、結果的には仲良くしていただけるようになりました。
　まれに、お酒を飲んで学校に電話をかけてくる保護者もいます。酔っていては冷静な話はできません。「後日連絡します」と言って、電話を切りましょう。しかし、そのような保護者は、逆に言えばお酒が入らないと学校へ自分の思いを伝えられないのです。敬遠するのではなく、そのような保護者の思いも理解し、お酒が入っていないときであればできる限り話を聞くように努めましょう。
　「ピンチはチャンス」と言いますが、トラブルは対応次第で保護者に信頼してもらえるチャンスでもあります。そのためにも、誠実な対応が必要です。

（辻川和彦）

1 被害者へのフォロー
保護者編
4 教師が「言ってはいけない言葉」とは

1 子どもの変容を具体的に伝える

　保護者によってフォローの仕方は多少違いますが，基本的には保護者に安心感をもってもらうためのフォローをしていく必要があります。そのためには，被害者の子の変容を目に見える形で保護者へ伝えていかなければなりません。
　具体的には，学校生活の中でその子を見守りながら，次のようなことを保護者へ伝えるようにします。
　・係活動や掃除などを一生懸命やっている。
　・授業を通してがんばっている姿が見える。（中学校であれば各教科の担当の先生に，授業中のその子の様子を教えてくれるよう頼んでおく）
　・友だちとの人間関係がうまくいっている様子がうかがえる。
　・部活動に意欲的に取り組んでいたり，結果が出て賞を取ったりなどがんばっている姿が見える。（部活動の顧問に様子を伝えてもらうよう頼んでおく）
　このような事実を伝え，少しずついい状態になっていることで安心感をもってもらいます。このような学校側からのアプローチが何もなければ保護者は納得できないでしょう。
　電話を毎日かけられないのであれば（だんだん日にちが経てば保護者も毎日の電話は億劫になっていきますが），連絡をする間をあけるのではなく，一筆箋などを使って連絡ノートに「今日の様子

ちょこっとメモ」などと称して貼って伝えてみてはどうでしょうか。

言ってはいけない言葉・配慮を要する言葉

　被害者の保護者は教師の言葉に対して非常に敏感になっています。ですから，対応する際は注意深く言葉を選ぶことが大切です。

　特に気をつけたいのは，教師が被害者の保護者に「言ってはいけない言葉」や「配慮を要する言葉」があることです。

　たとえば，「いじめの原因については思い当たることがありません。解決方法を考えてみたのですがなかなか……」とか「部活動の中でのことなので，顧問に対応してもらおうと考えています」などは，教師の「自己防衛」や「責任転嫁」と受け取られる言葉です。

　また，「話し足りないことがあるのであれば，カウンセリングをしてくれる専門機関や医療機関を紹介しましょうか？」などという言葉もNGです。いじめによる精神的ダメージについて受診が必要かどうかの判断は難しいものです。保護者にどんなアドバイスをするかは，必ず管理職と相談し，その都度確認していかなければなりません。地区で実施されている学校巡回相談があれば，まずは教師の方が被害者の子や保護者への対応の仕方，今後の支援方針などの助言を得ることを考えましょう。自分の対応はこれでいいのか？　と周囲に相談し，ひとりでは対応しないことです。

　そのほか，「今回の件はいい経験になりましたね」など，他人事のような言葉や，「いじめなんて跳ね返す強い心をもってほしい」などの被害者の心が弱かったというニュアンスの言葉を使うと，保護者と学校との信頼関係を教師自ら断ち切ってしまうことになります。

　　　　　　　　　　　　　　　　　　　　　　　　　　（吉田綾子）

2 加害者へのフォロー

1 子ども編 3つの「させない」

1 再発させない

　いじめが発覚し，教師から指導を受けたり保護者から叱られたりした後，加害者の子がどのように変わったのか（あるいは変わらないのか）を教師はよく見ておきます。そして，その子の良い行動を見つけたら，「心が育ってきたね」「いい方向に変わってきたよ」と本心からほめます。本人を直接ほめたり，周りの子に言って間接的にほめたりします。繰り返しますが，本心からのほめ言葉でないと，子どもは見抜きます。また同時に，加害者だった子も含め，学級全体がいじめをしない雰囲気をもつような学級づくりをしていきます。

　しかし，内藤朝雄氏は次のように述べています。

> 　いじめのハードケースのうちかなりの部分は，親や教員などの「強い者」から注意されたときは，いったんは退いている。「自分が損をするかもしれない」と予期すると迅速に行動をとめて様子を見る。そして「石橋をたたき」ながら，少しずついじめを再開していく。「大丈夫」となると，「チクられ」た怒り──全能はずされ憤怒──も加わっていじめはエスカレートする。しかも，そのころには親や教員の力は「思ったほどではない」という自信もついている。ハードケースの「破局が唐突に」起こるまでには，ゆっくりとした損失計算の下方修正がある。ほとんどすべてのいじめは，安全確認済みで行われている。
>
> （内藤朝雄『いじめの構造　なぜ人が怪物になるのか』講談社現代新書, p.139）

いじめが解決しても,「その後」が要注意ということです。謝罪がうそかもしれないし,本心から謝罪したとしても,周りの子たちが再びたきつける可能性もあります。もし再発した場合,以前よりもエスカレートする危険性があります。それは避けなければなりません。

2 転移させない

　いじめが発覚し,以前の被害者への教師の目配りが強くなっているとわかると,加害者の子が別の子どもを新たな対象にしていじめを再開することがあります。教師たちは以前の被害者ばかり見がちなので,ほかの子どもたちへの注意が散漫になってしまうのです。病気の「がん」で言えば,ほかの場所に転移しているようなものです。教師は全体への目配りを欠かさないようにしなければならないのです。

3 逆転させない

　いじめの被害者と加害者の立場が逆転することがあります。加害者が被害者に,被害者が加害者に入れ替わるのです。同じグループの子ども同士の場合,一緒にいることが多いのでわかりにくいのですが,「何か,おかしいな」と思ったら,周りの子や保護者に聞くなどして様子を探る必要があります。

　こうした「再発・転移・逆転」をさせないために,教師は被害者だけでなく加害者の子もよく見ておかなければなりません。しかしそもそも,いじめが起きていたということは,それまでよく見ていなかったということです。以前と同じままではいけません。教師の1日の生活リズムから見直す必要があります。以前より早めに教室へ行く。休み時間はできるだけ教室にいるようにする。移動中も後ろの方から見守る……。子どもを変えるには,まず教師が変わることです。

（辻川和彦）

2 加害者へのフォロー

2 「自尊感情」を育て，高める 〈子ども編〉

1 「自尊感情」を育てる指導を継続する

　加害者の子に対して，毅然とした態度で指導することは大切なことです。しかし，それだけで再発を防ぐことができるとは限りません。ほとぼりが冷めた頃に繰り返されることも予想されます。そんな事態を防ぐために，加害者の子にどんなフォローをしていけばいいのでしょうか。

　加害者の子に限らず，子どもたちは，ほめられたい，認められたいという気持ちをもっていますが，なかなかその機会に恵まれていない現実があります。しかし，自分の存在を認められると，他者の存在を認めることができるようになってきます。たとえば，「1日1回，みんなの役に立つようなことをして，個人ノートに記録して提出する」などの約束をして，強制的にでも進めてみましょう。そして，個人ノートへのコメントやほかの教師と連携しての評価などの方法で認めていきましょう。さらに，それを学級で紹介していくと，自分と他者（集団や社会）との関係を肯定的に受け入れられ，「自尊感情」を育むこともできるはずです。

2 いじめの背景にあるものに思いをはせる

　加害者の子の多くは，いじめはしてはいけないことだと認識しています。それでもいじめてしまったのには，何らかの理由があるはずで

す。それは、指導の段階で確認できるとは限りません。学校生活，友人関係，家庭環境などの要因があるかもしれません。周囲の状況に配慮しながら観察を続けましょう。

　また，指導後ある程度の時間が経過してからでも，「何か困っていることはないか」などと問いかけてみると，語ってくれるかもしれません。対応すべき重大事案が潜んでいるかもしれないし，あるいは他愛のないことかもしれません。しかし，解決しようのないことであっても，「問いかける」という教師の姿勢が，加害者の子と教師の信頼関係を築きます。自尊感情を高める指導を含めた教師と子どもの信頼関係づくりは，いじめの再発のブレーキになるはずです。

情報を共有し，適切な引き継ぎを徹底する

　いじめに対する指導の結果，加害者の子の人間関係が大きく変化することがあります。学校全体で情報を共有し，チームで対応しましょう。いじめが重層化していて，その一部しか発覚していない場合は，ほかの学級でも起こったり，逆に加害者がいじめの被害者になったりするかもしれません。その意味からも，情報の共有は大切になります。

　また，次年度の学級編制にあたっては，配慮の必要があります。たとえいじめが解決していたとしても，加害者の子は被害者の子とは別の学級にした方がいいでしょう。指導直後には配慮していたものの，新年度になってその配慮がなくなりかけたことがありました。「記憶」ではなく，「記録」としてしっかりと残しておき，その記録は確実に引き継ぎましょう。

　いじめの加害者であっても，あなたの学級・学年・学校の大事な子どもであることに変わりはありません。「二度と加害者にしない。被害者にもしない」という覚悟をもって指導にあたっていきたいものです。

(緒方　茂)

2 加害者へのフォロー

保護者編

3 保護者は，いじめという「敵」と闘う「同志」

 引きずらない

　マスコミで報道されるいじめは極端なものが多いだけに，加害者はまるで犯罪者のように扱われることもあります。そのような立場に自分の子どもがなってしまった保護者の気持ちを想像してください。被害者側や学校側に対する引け目や，周りから我が子や自分がどんな目で見られているのだろうという不安があることが想像できます。

　だから，謝罪などが済んでひと区切りがついたら，教師はそのことを引きずらないようにします。加害者の保護者と話す機会があっても，そのことを蒸し返したりせず，もちろんほかの子や保護者に対してもそのように努めます。もしいじめを解決する過程で加害者の保護者が学校の対応を非難していたとしても，教師はその保護者を避けるのではなく，話す機会があれば笑顔で対応しましょう。

 「敵」ではなく「同志」

　学校の対応が「加害者に甘い」と言われることもありますが，そもそも学校は「教育」機関です。更正を信じ，子どもや保護者を支えることが教師の仕事です。いじめが起き，指導や対応をした後でも，加害者の子は登校し，授業や学校行事に参加し，保護者はＰＴＡとして協力してくれます。いじめ行為そのものは「敵」ですが，加害者の子や保護者は「敵」ではありません。ともにいじめという「敵」と闘う

「同志」なのです。加害者の保護者には「これを機会に，〇〇さんがより良く成長できるように一緒に協力していきましょう」というスタンスでフォローしていきます。

発達障害の子の保護者を支える

　発達障害やそれが疑われるグレーゾーンの子どもが「加害者」になってしまうことがあります。たとえば，思い通りにならないときに手を振り回したり，物を投げたりして，周りの子に当たったりします。それが何回か続くと，「いじめられた」ということになってしまうのです。でもそれは，悪意ではなく，自分の感情をコントロールできないことによるものです。

　最近はインクルーシブ教育（障害のある子どももない子どもも，ともに学ぶ教育）の導入で，保護者や子どもが希望すれば特別支援学級ではなく通常学級を選択したり，合理的配慮を求めたりすることができます。しかし小学校低学年でグレーゾーンの子の場合，保護者も子どももそのような意識がないことがあり，学校側の配慮や対応も遅れがちです。特別支援教育支援員などがつかず，担任ひとりで学級の子どもたち全員を見ることになり，どうしても目が行き届かないことがあります。そして何か起こると，被害者の保護者には「またか。学校は何も対応をしていない」と判断されてしまうのです。

　そのような子の場合，保護者の手にも余る場合が多いのです。言っても聞かない，いや「聞けない」のです。保護者は，祖父母や地域の人からも「言うことを聞かない。何とかしてくれ」と言われ，さらに学校や被害者の保護者からも言われ，孤立してしまいます。

　学校は，単にトラブルの事実を伝えるだけでなく，今後の方針を一緒に考えるなどして，孤立しがちな保護者を支えていきましょう。

（辻川和彦）

2 加害者へのフォロー

保護者編

4 「任せて安心」と思ってもらえるように

1 信頼関係づくりは日頃から

　教師は，加害者の保護者が「我が子が悪かったという気持ちをもっているのか」「謝罪したことを納得しているのか」を判断しなければなりません。謝罪はしたけれど心からは納得しておらず，心の中にモヤモヤとしたものを感じている場合が多いのです。

　円満に解決できたり，納得できてはいないけれど一応はいじめがおさまったりしても，その後のフォローはとても大切になってきます。しかし，保護者に信用されていない教師がフォローしても何の効果もありません。子どもや保護者にアドバイスしていくためには，教師・保護者・子ども三者の人間関係が大切で，それは日頃からの信頼関係があるかどうかにかかっています。たとえば，普段から，次のようなことを確認しておくことが必要です。

・子どもが授業内容を理解しているか。授業が楽しいか。
・学級にいることが苦痛ではなく楽しいと言っているか。
・参観日や懇談会の場面で，保護者に「この先生なら大丈夫！」と思われているか。
・短学活や道徳の授業などで，子どもの心に響く語りかけができているか。

　教師はもう一度上のようなことを見直し，三者の信頼関係を構築していかなければなりません。信用が得られ関係が良くなると，アドバイスも素直に受け止めてもらえるようになるでしょう。何よりも学級

経営の中で教師が学級全員に向けて自分の思いを語る場面があるか，もう一度考えてみることが大切です。

 ## 保護者の相談相手に

　教師は加害者の保護者の相談相手になることを心がけます。教師自身がまだ信用されていないと感じているのであれば，学年主任や，保護者と関係ができている部活動の顧問などにお願いして一緒に話を聞くなど，学校のチーム力に頼るといいでしょう。

　また，加害者の子の家庭環境には注意しておかなければなりません。保護者のストレスが子どもに向けられ，それが形を変えていじめを引き起こすことが少なからずあるからです。教師の働きかけによって子育てに関する悩みを引き出すことができ，それにより保護者が自分を見つめることができれば，我が子を受け入れることにつながるでしょう。そうなれば，保護者の子どもに対する接し方やアドバイスの仕方も変わってくると思われます。

 ## 子どもの「満足」が保護者の「安心」に

　学校は座って勉強をしなければならず，基本的にはきついところです。けれど，その合間に楽しさ（行事や友だちとの語らいなど）を味わえる場所でもあります。加害者だった子が学校生活を楽しんでいる様子が見えてくれば，そのことをその子に直接伝えます。話した内容は必ず保護者に伝わります。子どもが学校生活に満足することができていれば保護者は安心して学校に送り出すことができるでしょう。

　「この先生に任せていれば多少の問題があっても大丈夫，何とかしてくれる」と思ってもらえる教師になりたいものです。　　（吉田綾子）

3 傍観者へのフォロー

1 「仕組む」ことで意欲を伸ばす

1 自分たちの学級に足りなかったものは？

　子どもたちは誰だって，自分の学級は「明るく楽しい学級」がいいはずです。自分の学級は「いじめを起こした学級」だった……となると，直接いじめの被害者や加害者でなかったとしても，気づけなかったりそれを知っていて見て見ぬふりをしたりしたわけですから，やっぱり暗い気持ちになります。

　そこで，いじめがある程度落ち着いた頃，子どもたちに次のように問います。「いじめのある学級といじめのない学級，どちらがいいですか？」。当然，「いじめのない学級」と答えるでしょう。そこで「いじめのない学級にするのは，誰ですか？」と問います。「自分たち」と答えるしかありません。でも，実際にいじめが起こってしまったのです。これまでの自分たちには，何かが足りなかったということになります。

　最後に「いじめのない学級にするために，あなたたちに必要なものは何ですか？」と問います。多くの場合，「思いやり」や「やさしい気持ち」などが出るでしょう。

　このときに出た言葉は，色画用紙などに書いて掲示しておきます。ただし，掲示しておくだけでは何の意味もありません。多くの教室に掲示されている学級目標も同じですが，貼ったままでは子どもたちもすぐに忘れてしまいます。だからと言って，この言葉を活かせるような機会はそうそう偶然には訪れません。となれば，教師が意図的にそのような機会を「仕組んで」いく必要があります。

振り返りを教師が「仕組む」

　以前の勤務校で，毎週，学級単位で長縄の回数を競う「全校長縄タイム」がありました。しかし，長縄は子どもによっては得手不得手があります。あと数回で全校1位になりそうなときに，引っかかる子がいます。すると「あ～あ」「あと少しだったのに～」などと口にする子たちが出ます。いっぽう，「ドンマイ！」「次，がんばろう」と声をかける子もいます。

　教室へ戻った後，だまって先ほど子どもたちが言った言葉を板書します。それを教師が読み上げ，自分が言った言葉に手を挙げさせます。

　それぞれの言葉を言われたときの引っかかった子の気持ちを想像させた後，プラスの言葉をかけた子には，掲示している「思いやり」「やさしい気持ち」の色画用紙を指しながら，「忘れていませんでしたね。えらいです」とほめます。マイナスの言葉をかけた子には「ちょっと忘れてしまいましたね。次は，思い出しましょう」と言います。

　次に同じような場面があったとき，子どもたちの言葉の変化を見ておきます。良い方へ変わった子はほめます。マイナスの言葉を言おうとした子に注意する子がいれば，その子もほめます。なかなか変わらない子が多い場合には，長縄を始める前に「今日は忘れる人がいないといいなあ」とひとり言をつぶやきます。そうして，誰もマイナスの言葉を言わなかったときには，「みんなの行動が変わりましたね。あなたたちの行動が，この学級を良い方向へ変えているんです」と言って大いにほめるのです。

　このようなことをさまざまな活動の中で「仕組む」ことで「自分たちの学級は自分たちで良くしていくんだ」という気持ちをもたせます。子どもたちには，常々，「ピンチのときこそ，その集団の本当の姿がわかる」と話しておきましょう。

(辻川和彦)

❸ 傍観者へのフォロー

2 マイナスの空気をプラスに変える

 低くなる自己肯定感をどうするか

　いじめが起こると，事実を把握するために，被害者と加害者はもちろんですが，それを見ていた傍観者の子どもたちとも繰り返し面談を行います。このようなことが続くと，学級や学年全体の雰囲気が，重く暗くなりがちです。たとえいじめが解決しても，子どもたちの自己肯定感が低くなり，どうでもいいと自暴自棄になる子や，仲間とかかわりをもちたがらない子が増えたりします。そこで，学級や学年全体の空気をプラスに変えていく具体的な取り組みとして「幸動貯金」を紹介します。

 「幸動貯金」とは何か

　「幸動」とは，「周りの人が幸福になるための行動」という意味の造語です。「幸動貯金」と言っても，お金を貯めるものではありません。お金の代わりに，空きびんにビー玉を貯めていくものです。子どもたちが，周りの人たちを幸福にするような行いをしたときに，ビー玉を入れていくようにしています。毎週金曜日の朝，各学級の学級委員を集めて良い行いを報告させる会を開いています。この会で，仲間の良い行いを発表させて，その内容によって入れるビー玉の数を決めています。基本的には小さなビー玉を貯金するのですが，学校外で知らない人に良い行いをした場合などは，大きなビー玉を貯金することもあ

ります。

　幸動貯金を続けることで，自分たちが周りの人たちの役に立っている，自分たちもやればできるという自信をもたせたいと考えています。また，周りの人たちを幸福にするという利他の心を育てる目的もあります。貯金がいっぱいになると，そのお祝いに学年レクリエーションを行います。これらの幸動の様子は，週に1回発行している『学年通心』に掲載して保護者へも知らせています。その影響で，保護者から，子どもたちの学校外での幸動の連絡が入ることもあります。幸動貯金を通して学校と家庭・地域とのつながりが今以上に深まることを期待しています。

「幸動貯金」の成果

　この実践をしている間，子どもたちはさまざまな良い行いを続けます。学校内では，友だちを手伝い，マズイ点があればお互いが声を出して注意をしています。また学校外でも，道路に落ちているゴミを拾ったり，おばあさんの道案内をしたり，困っている人の荷物を持ってあげたりする子も出てきました。学級委員たちが自分の学級の良い行いを見つける努力をすることで観察眼が育ち，いじめ防止にも役立っていると思います。何よりも子ども一人一人が良い行いをしたときの喜びと，してもらった喜びを感じることで，マイナスの空気がプラスの空気へと確実に変わってきていることを感じています。学年レクリエーションも企画や準備，そして当日の運営まで子どもたちが自分たちの力でやり遂げます。このような取り組みを重ねることで自治力も高まると考えます。　　（山中　太）

学年別のいじめの認知件数

　文部科学省の調査によると，いじめの認知件数は小学校低学年が多く，高学年になるにつれて徐々に減っています。しかし，中学1年生になると最も多くなります。それ以降，特に中学3年生以降は激減しています。中学1年生が多いのは，複数の小学校の子どもたちが集まることや，小学校のときほど教師が一緒にいないという理由もあるのでしょう。思春期に入り精神面の影響もあるかもしれません。

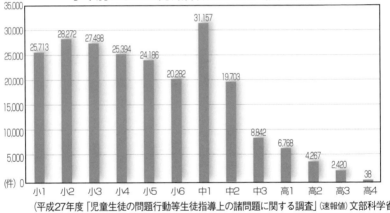

（平成27年度「児童生徒の問題行動等生徒指導上の諸問題に関する調査」(速報値) 文部科学省）

　ただし，認知件数は減っていても，深刻化するのは中学生以降が多いでしょう。実際，自殺に至っているのは圧倒的に中高生のケースです。認知件数が少ないからと安心はできません。中学3年生以降の認知件数が少ないのは，小学校低学年と違って，巧妙にいじめを隠すようになっていることも大きいでしょう（あくまでも教師による「認知」件数ですから）。いじめの発見やその後の対応も，中高生は小学生とは比べものにならないほど難しく，慎重に行わなければなりません。

　「教師はいじめを起こしてはならない」
　「いじめを見逃した教師は，教師失格，人間失格」

　そのような正論（？）が，教師を追い込んでいます。
　誠実な教師ほど，追い込まれてしまいます。
　その結果，精神的に参ってしまう教師も少なからずいるのです。
　このような状況の中で，教師は「いじめ対応」をしていかねばなりません。
　なんの準備も心構えもなければ，悲惨極まりないことになるのは目に見えています。

　いじめは，ないに越したことはありません。
　だから，いじめを起こさない努力をすることは必要です。
　しかし，「いじめは絶対に起こさない」……など，「絶対」にこだわり過ぎると良くありません。
　「これはいじめではない」といじめを認めたくなくなります。
　問題の先送りにつながり，かえって見つけにくくなるのです。

　大事なことは，その「対応」です。
　適切に対応することで，子どもたちの結束がさらに強まります。
　保護者からの信頼も得られるでしょう。
　逆に，まずい対応をしてしまうと，それまでの信頼は地に落ちます。
　そして，何をやっても，子どもや保護者から不信感をもたれてしまうことになります。

　本書は，いじめ対応の「基礎・基本」と銘打っています。

とはいえ，ひとつの方法がすべてのいじめ，すべての子どもに通用するはずもありません。
　本書で示した対応の中から，どのように「選択」あるいは「修正」「応用」していくかは，その子どもを見ているあなた自身です。
　本書に示した対応の中には「そんなことはわかっている」と思うものもあるかもしれません。
　しかし，「わかっているけど，できていない」状況もあります。
　教師は，多忙です。
　仕事上だけでなく，家庭内の問題を抱えながらがんばっている教師もいます。
　もちろん，それらを言い訳にはできません。
　言い訳にできないから，教師は追い詰められています。
　たった1回対応を誤ってしまうと，徹底的に糾弾されます。
　そのようなぎりぎりの状況でがんばっている教師にとって，本書が少しでも役立つことを願っています。

　なお，本書の執筆には，機関誌『道徳のチカラ』でお世話になった方々を中心に，地元や全国で活躍されている「実力」と「元気」のある先生方に協力していただきました。
　突然の依頼にもかかわらず，快く引き受けていただいた先生方，本当にありがとうございました。

　最後に，この企画を形にしていただいた日本標準企画編集部の郷田さん，そして私の初歩的な相談に快く対応してくださり，何度も何度も原稿を丁寧に点検してくださった，同じく企画編集部の橘田さんに深く感謝申し上げます。

　　　2017年2月　　　　　　　　　　　　　　　　辻川和彦

● 本書の執筆者（五十音順）

猪飼博子	愛知県	あま市立甚目寺南小学校教諭
石川　晋	北海道	上士幌町立上士幌中学校教諭
伊藤茂男	愛知県	北名古屋市立師勝南小学校教諭
岩瀬正幸	神奈川県	関東学院大学講師
宇野弘恵	北海道	旭川市立啓明小学校教諭
緒方　茂	長崎県	大村市立桜が原中学校副校長
黒川孝明	熊本県	熊本市立託麻南小学校教諭
合田淳郎	東京都	都内公立中学校教諭
笹原信二	熊本県	熊本市立龍田小学校教諭
佐藤幸司	山形県	朝日町立宮宿小学校教頭
高田保彦	島根県	松江市立雑賀小学校教諭
高本英樹	岡山県	美作市立美作北小学校主幹教諭
俵原正仁	兵庫県	県内公立学校教諭
辻川和彦	長崎県	東彼杵町立千綿小学校教諭
中村健一	山口県	岩国市立川下小学校教諭
西田智行	山口県	下関市立滝部小学校教諭
野中信行	神奈川県	元横浜市小学校教諭　初任者指導アドバイザー
橋本慎也	熊本県	熊本市立向山小学校教諭
広山隆行	島根県	安来市立島田小学校教諭
古川光弘	兵庫県	赤穂市立尾崎小学校教頭
山中　太	長崎県	佐世保市立愛宕中学校教諭
吉田綾子	長崎県	平戸市立田平中学校教諭

（勤務先は2017年2月現在）

● 編著者紹介

辻川和彦（つじかわ かずひこ）

1968年長崎県生まれ。1995年から教職に就く。現在，長崎県内の小学校に勤務。道徳教育改革を志す教師の集い「道徳のチカラ」の機関誌『道徳のチカラ』編集長。「佐世保教育サークル」に所属し，道徳授業づくりや学級づくりを学んでいる。

現場発！失敗しないいじめ対応の基礎・基本

2017年3月20日　第1刷発行

編著者／辻川和彦
発行者／伊藤　潔
発行所／株式会社 日本標準
　〒167-0052　東京都杉並区南荻窪3-31-18
　電話　03-3334-2630［編集］
　　　　03-3334-2620［営業］
　URL　http://www.nipponhyojun.co.jp/

編集協力・デザイン／株式会社 コッフェル
イラスト／佐川ヤスコ
印刷・製本／株式会社 リーブルテック

©Tuzikawa Kazuhiko 2017, Printed in Japan　　ISBN 978-4-8208-0615-8
◆乱丁・落丁の場合はお取り替えいたします。◆定価はカバーに表示してあります。